AF489636

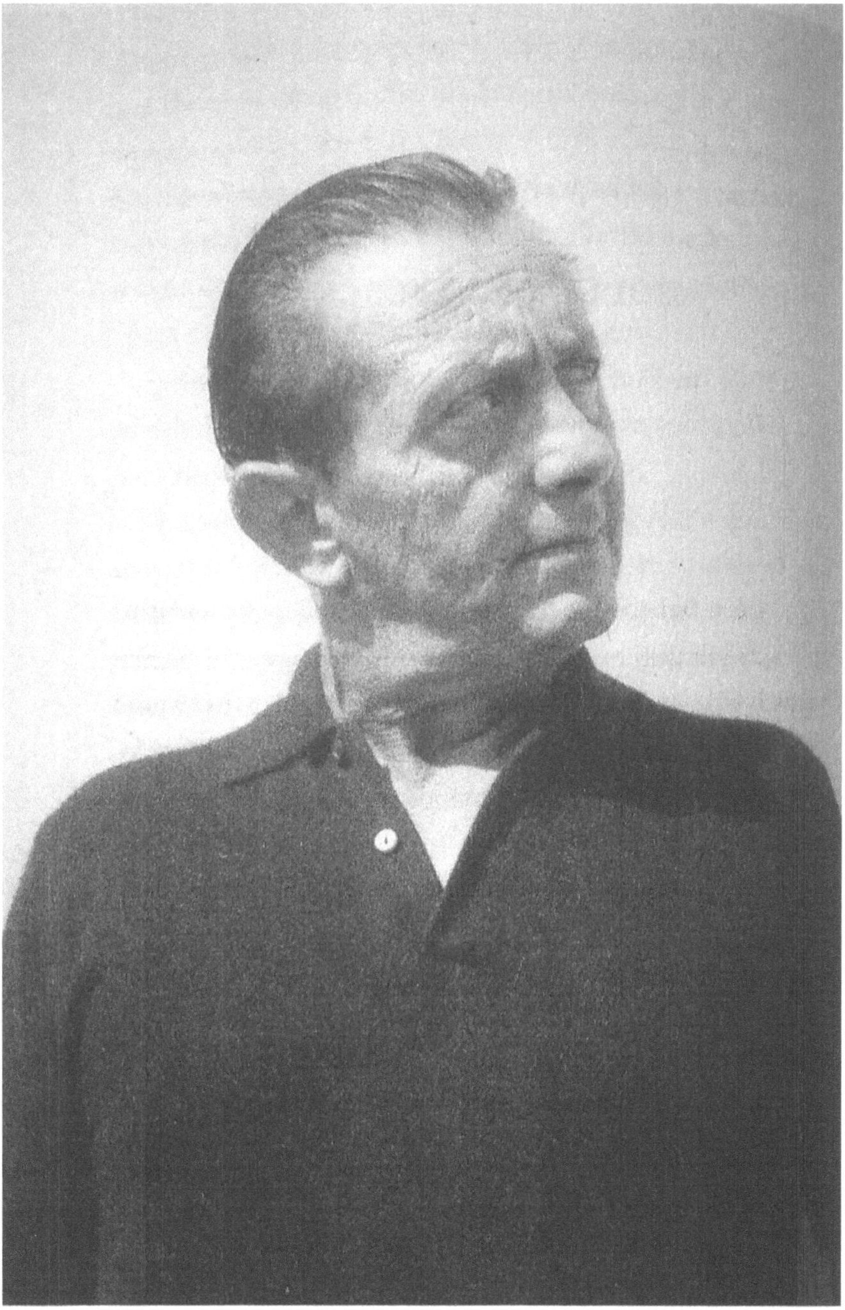

John Fante –

Camino de los sueños diurnos

■

Juan Arabia

« ORTODOXIA »

buenosaires
poetry

Arabia, Juan

1a ed. - Ciudad Autónoma de Buenos Aires :

122 p. ; 15x22 cm.

ISBN 978-987-46233-3-1

1. Crítica Literaria. I. Título

CDD 801.95

Colección «ORTODOXIA»

Diseño de portada e interiores © Camila Evia.

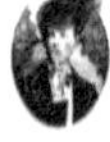

Para sugerencias o comentarios acerca

del contenido de esta obra, escríbanos a:

www.buenosairespoetry.com

John Fante –

Camino de los sueños diurnos

■

Juan Arabia

ÍNDICE

*** ***

PRÓLOGO

> *Cuando leí el libro, la biografía famosa,*
> *Y esto es entonces (dije yo) lo que el escritor llama la vida de un hombre,*
> *¿Y así piensa escribir alguno de mí cuando yo esté muerto?*
> *(Como si alguien pudiera saber algo sobre mi vida;*
> *Yo mismo suelo pensar que sé poco o nada sobre mi vida real.*
> *Sólo unas cuantas señas, unas cuantas borrosas claves e indicaciones*
> *Intento, para mi propia información, resolver aquí).*
>
> *When I Read the Book*, Walt Whitman[1]

Como enseñó Walt Whitman, nadie, ni siquiera uno mismo, puede escribir algo sobre su vida.

¿No era justamente Borges quien entreveía el problema del otro Whitman, aquella desproporción que se producía entre su obra y las posteriores biografías que se escribieron sobre él? «Pasar del orbe paradisíaco de sus versos a la insípida crónica de sus días es una transición melancólica»[2].

Con semejante idea, nos queda mucho más que claro que todo intento resultará en vano. Toda biografía será, de alguna manera, imposible.

Sin embargo, el camino que nos compromete es totalmente diferente. Esto no quiere decir que lo anteriormente esbozado no intervenga en la labor o en el personaje con el que trabajaremos en las próximas páginas. Resulta distinto porque la vida misma de John Fante ha sido el alimento de toda su obra. Si bien toda novela o forma de literatura recorre aspectos necesariamente autobiográficos, la obra de Fante nace directamente del encuentro íntimo entre sus sentimientos y la realidad con la que lidió desde su infancia hasta sus últimos días. El escritor escribe sobre lo que sabe, sobre lo que vive. Escribe desde su experiencia.

¿Qué otra cosa puede ser más real que Arturo Bandini o Henry Molise, los álter ego de sus ficciones? ¿Quién mejor que ellos podrá contarnos algo acerca de John Fante?

En *La isla del tesoro*, Chesterton proponía encontrar el corazón mismo de Stevenson: donde se halla el tesoro se halla el corazón[3]. Aquí también trataremos de descubrir –por medio de la obra de John Fante– al menos un vestigio de su verdadera sombra.

Para eso habrá que atravesar caminos, preguntas y sueños. Habrá que atravesar vidas llenas de pasión, viñedos de hermandad; como también tragar algo del polvo y de la niebla que cubren sus páginas.

Si en algún momento nos acercamos a él, ya sea por azar o por misma ignorancia, este trabajo habrá tenido un sentido. Porque habremos aportado algo nuevo en el mundo, algo que hasta el día de ayer no existía y que era necesario recuperar. Necesario porque la historia –en este caso, la historia de la literatura estadounidense– debe ser constantemente renovada, convertida, formulada como aquellas palabras que, negándose a transformarse en fósiles, proclaman la sangre que las constituye.

Sabemos que a la corrupción del hombre le sigue la corrupción de las formas de vida y su lenguaje. Y que el precio de llevar una forma de vida distinta, una vida que amenace los valores divulgados y haga temblar el paralítico idioma, pueden valerle a un hombre el reconocimiento que merece.

John Fante no conoció el éxito en toda su vida. Dedicó gran parte de ella a la literatura, pero terminó escribiendo guiones de cine, un arte en el que las palabras se encuentran disciplinadas por las imágenes.

Escribió para cambiar al mundo, para cambiar a las personas, para preservar su identidad y su experiencia. Si nada ha cambiado todavía, existe para nosotros esa posibilidad en su literatura, llena de amor, honestidad y valentía; testigo último pero suficiente, capaz de poner de punta los pelos del culo de un lobo, como a él mismo le gustaba decir.

Los próximos capítulos intentan seguir un orden cronológico. Si bien son más interpretativos que informativos, esta búsqueda supone una sucesión, tanto de su obra como de su vida.

–Juan Arabia.

1 Citado por Jorge Luis BORGES en *El otro Whitman*, en Obras Completas I, Barcelona, 1989, p. 207.

2 Jorge Luis BORGES, *Nota sobre Walt Whitman*, ibídem, p. 250.

3 Gilbert Keith CHESTERTON, *Robert Louis Stevenson*, Obras Completas IV. Traducción de P. Romeva, Barcelona, Janés, 1952, p. 1057.

–John Fante–

Camino de los sueños diurnos

Dedico este libro a mi madre,
Adriana Abba.

Cap. 1

—

El Gran Cañón

$$* \; *$$

–1–

«Un escritor escribe sobre lo que sabe», decía Dan Fante hace apenas unos años[1]. John Fante, su padre, escribió sobre lo único que sabía: sobre su propia vida. El patrón del hambre y del sufrimiento —en sus primeros trabajos— no era un trasfondo, sino el molde en el que se forjaba su experiencia general.

Hijo de humildes inmigrantes italianos, nació en 1909 y vivió hasta su temprana adolescencia en Denver, Colorado. Allí descubrió su verdadera vocación: Knut Hamsun, Theodore Dreiser, Thomas Wolfe, Ernest Hemingway, John Steinbeck, Scott Fitzgerald, Fiódor Dostoievski. La literatura lo absorbió, tiró de él como las sogas de una marioneta. Por eso su vida no podía ser aquella que el destino le tenía predestinada: transformarse en lo que era su padre, un albañil; jugar al billar y al póquer para luego beber el letargo de la amarga cerveza que transpira un televisor.

John Fante tenía una vida exterior y conocía lugares muy lejanos a Denver. Había atravesado el solitario valle de la oscuridad y había escuchado una voz en lo alto de la colina del silencio. Y llenábanse de noche las montañas…

Tanto en *Camino de Los Ángeles* (1936) como en *Pregúntale al polvo* (1939) y en *La hermandad de la uva* (1977), Fante narró la huida hacia Los Ángeles para centrarse en su carrera como escritor.

El joven Fante, inserto en las más sórdidas de las pobrezas —como las de Dostoievski o Klaus Kinski—, insistió con su carrera literaria por más que la realidad lo había condenado a las más desafortunadas labores y profesiones: cavar zanjas, lavar platos o incluso trabajar en una empresa de conservas.

Cada una de sus historias —con sus pequeñas diferencias— asevera el mismo clima de pobreza y miseria de la solitaria vida en una pensión, del desamor y de la injusticia:

> Días de abundancia: abundancia de preocupaciones, abundancia de naranjas. Comérselas en la cama, comérselas a la hora de la comida, dejarlas de lado a la hora de la cena. Naranjas, cinco centavos la docena. En el cielo la luz del sol, en mi estómago el zumo del sol […].
>
> Hundí los dientes en la pulpa, el zumo se me escurrió hasta el fondo del estómago y allí se puso a lloriquear. Había mucha tristeza en el fondo de mi estómago. Había mucho llanto y nubes de gas, pequeñas y sombrías, me acorralaban el corazón […].
>
> Pensé en mi casa, en los espaguetis que nadaban en riquísima salsa de tomate, en las tartas de limón de mamá, en el cordero asado y el pan tierno, y me sentí tan desdichado que me hundí adrede las uñas en la carne del brazo hasta que brotó una gota de sangre [...]. Estaba claro que no había en la tierra un dolor más grande que el mío[2].

Hambre. Olí a salsa de tomate, a pizza, y el olor salía de un restaurante italiano. Doblé la esquina, entré en el callejón y busqué la puerta trasera. Quisiera trabajar a cambio de comida, dije [...]. Estoy hambriento, añadí. Abrió la puerta, me señaló tres grandes cubos de basura y me indicó con gestos que lo sacara. Los saqué a la calle entre la euforia de las moscas. La mujer se acercó a una mesa de madera con media barra de pan que abrió por la mitad, le quitó la miga y lo llenó con salchichón [...]. Le dije que buscaba trabajo. Era lavaplatos con experiencia, le expliqué[3].

Pese a toda su desdicha, lo más importante era que algo nuevo comenzaba a erigirse sobre el aire de la superficie. Fante se había escapado de su tierra natal y era el mismo Knut Hamsun, o algo aún más maravilloso: un personaje de sus novelas. El protagonista de *Hambre*, escrita por Hamsun en 1890, también quiere ser escritor: ese es su único deseo. Deambula por las calles sin trabajo, sin dinero, empeñando lo poco que tiene para poder comer. Ceder el alma y los valores, o regresar a sus hogares por una comida o por una confortable habitación, hubiera sido para Hamsun y para Fante como comerse de un bocado toda su dignidad.

Y es que había llegado el momento de ser hombre, de sentir y pensar como un escritor. Regresar a su tierra sería darle la razón a su padre y al mundo: «consigue un oficio», «un hombre suda, trabaja», «leyendo y escribiendo no se gana dinero».

Entonces el joven Bandini (su álter ego) se dijo para sus adentros que la historia había sido siempre así: que Poe, Whitman, Heine o Dreiser habían transitado la misma senda. Sólo que ahora le tocaba a él, al mejor escritor de toda la historia: Arturo Bandini. De esa manera se sentía menos herido y menos solo.

Sobreviviendo con naranjas en un altillo de Long Beach, un joven muchacho tramó la historia de un escritor inmortal. Se encontró solo y sin destino, pero sin saber aún que aquello sería el argumento de una de las sagas más hermosas de la narrativa universal.

Cerró sus ojos y soñó. Soñó con un tal John Fante, un escritor estadounidense que transitaba sus últimos días ciego y sin piernas. Como no podía escribir, dictó su última novela, la última de sus páginas. Alguien escribió:

> Estaba al comienzo del pasillo, con mi máquina de escribir en la mano. Me quedé atónito, no porque estuviera allí, sino porque la había olvidado por completo. La dejó encima de la mesa y le di las gracias. Cerré la puerta, abrí una maleta y saqué Hambre, de Knut Hamsun. Era otro de mis tesoros y lo llevaba conmigo desde el día en que lo robé en la biblioteca de Boulder. Había leído tantas veces la novela que podía recitarla de memoria. Pero ya no tenía importancia. Nada tenía importancia[4].

Sin dudas es Fante quien habla. Nada de esto se me ha ocurrido o algo que se le parezca, *«pero por algún lugar hay que empezar»*[5]. Así concluye su última obra, *Sueños de Bunker Hill* (1982). Así también comienzan estas páginas.

–2–

No hay duda de que John Fante se adelantó a otros autores que hoy brillan como estrellas: Bukowski, Carver, Salinger, la *generación beat,* etcétera.

Por ser él, y escribir como él, alejándose de todo tipo de

jergas académicas, desconoció el éxito y la fama[6], hechos que pueden comprobarse con tan sólo leer un puñado de sus páginas:

> Entró en el baño y cerró la puerta. Me senté en la cama y me quité el resto de la ropa. Estaba ya desnudo cuando salió. Procuré ocultar mi decepción. Estaba limpia y se había bañado, pero en cierto modo no estaba pura. El culo le colgaba como un niño huérfano. Nunca compartiríamos un polvo. Mi presencia allí era una insensatez[7].

Fante habló con voz propia, con su verdad, con su eminente pobreza y con los gusanos debajo del puño en un momento en el que pocos lo hacían. Fue el precursor de un estilo hoy reconocido de manera universal: el realismo sucio, en donde el contexto será el sentido profundo de la obra, mas no la calidad de su lenguaje[8].

Hacia fines del siglo XIX, Mark Twain, influido por el periodismo, adoptó variedades dialécticas (hablas). Plasmando un lenguaje más bien directo, sin tanto adorno o artificio, el autor de *Huckleberry Finn* cambió por siempre la forma de la literatura estadounidense.

Más tarde se sumaron, hacia comienzos del siglo XX, novelistas estadounidenses que no sólo cambiaron la retórica de las formas, sino también su temática, su contenido. Ampliando el alcance social e incluyendo en sus obras a sectores marginales de la sociedad, escritores como Stephen Crane o Theodore Dresier incluyeron en sus narraciones las vidas de las prostitutas y de las clases bajas. El escenario estaba preparado para la *emergencia*[9] de escritores como Fitzgerald, Hemingway o Steinbeck, que no sólo abarcaron una problemática social y verdadera

—como las posteriores desilusiones de los años veinte—, sino que además simplificaron las estructuras oracionales, reduciendo la literatura a lo necesario, concentrándose en las acciones.

Mientras estos escritores hablaban del fracaso o de las decepciones, de la tristeza, la locura o la pobreza, John Fante hablaba sobre lo mismo, pero desde la sombra de estos escenarios:

> ¿Por qué me habían rechazado? ¿Por mi ropa? ¿Por mi cara? Me miraba en los escaparates, veía la negra película de la barba, el aspecto demacrado, el aire de la derrota. ¿Repugnaba a la gente? ¿Despertaba algún misterioso antagonismo, la ira del mundo? Llegó un momento en que me daba miedo hablar con jefes y capataces [...]. Recorría las calles. Iba a la biblioteca pública, leía unas horas y volvía a cenar a la Misión del Espíritu Santo. Me pasó por la cabeza la idea de mendigar, había visto pedigüeños recibiendo monedas y parecía fácil. Pero me faltaba valor. Me daba demasiada vergüenza. En aquellos momentos me parecía insufrible incluso el período febril en que me había ganado la vida fregando platos en Los Ángeles[10].

Estilísticamente, no existe una diferencia entre la narración y los acontecimientos. Todas y cada una de las palabras de sus novelas son verdaderas. Ha vivido los libros, son su experiencia.

Los personajes y las situaciones se encuentran caracterizados de la manera más breve y superficial posible. Fante reduce los elementos gramaticales al máximo para decirlo todo en unas cuantas palabras. Su enunciación se desprende como las hojas de un árbol, de manera natural, y sus novelas dan al lector que lo recibe el poder mismo de una experiencia en totalidad. Tiene la virtud y la honestidad de la metáfora primera, la que sirve, la que no necesita una relectura para ser entendida:

> Me dijo que la abrazase y la abracé, y ella me besó con labios fríos y húmedos. Estuvimos así mucho tiempo, y yo estaba preocupado, con miedo y sin deseo. Algo parecido a una gris flor creció entre los dos, un pensamiento que adquiría forma y que daba cuenta del abismo que nos separaba[11].

—

> Abrí la puerta silenciosamente y miré dentro. Estaban los dos dormidos, cada uno en su lado, el brazo de Jamie alrededor del cuello del perro y los dos roncando. Me gustó lo que vi. Me gustaba que los jóvenes durmieran con perros. Era lo más cercano de Dios que estarían en toda su vida[12].

—

> Todos mis personajes se encuentran en esta obra de juventud. En ella no queda ya nada de mí mismo, sólo un recuerdo de antiguos dormitorios y el rumor de las zapatillas de mi madre al dirigirse a la cocina[13].

Por más que en las novelas de Fante todo suceda de manera rápida y sencilla, el autor no carece por ello de profundidad. La impronta poética de John Fante, la secreta complejidad que enviste su prosa, logra lo que todo escritor anhela: hablar fácilmente sobre temas imposibles.

–3–

El primer acercamiento de su obra con el público fue un breve cuento titulado «Altar Boy», publicado en la revista *The American Mercury* y al que hace más de una referencia en *Pregúntale al polvo*, aunque bajo otro título (el título que aparece en ficción es *El perrito que reía*).

Sin dinero, lejos de su familia, y con un texto publicado en una revista, Fante se convirtió en Arturo Bandini, el gran escritor. Como el Cañon del Colorado, Fante también se formó por un río predecesor. Pero a diferencia de sus precursores, muchos de los que aún estaban vivos, él era pobre (casi indigente) y estaba solo realmente.

Esto no quiere decir que su lamento haya sido el único en los años treinta. Pero precisamente, si un escritor del tamaño de Fitzgerald –incluso consagrado– se rendía ante todo publicando *El Crack-Up* en 1936, ¿qué podía esperar un joven de procedencia humilde e inmigrante que terminaba con su primera novela el mismo año?

Una esperanza radiaba desde su interior. Una luz entrelazaba en sombras las adversidades dejando el día en su atardecer. Fante enfrentaba la realidad con los puños desnudos, imponía su voluntad de vivir, escribía desde su corazón.

Una nota del editor estadounidense del libro póstumo que aparece bajo el título *Camino de los Ángeles*[14], además de las memorias de su hijo publicadas en el 2011 (*A Family´s Legacy of Writing, Drinking and Surviving*[15]) y cartas escogidas del autor (*John Fante: Selected Letters 1932-1981*[16]), brindan mucha información sobre la vida de John Fante en los años treinta. Se comprobó que vivía en un altillo en Long Beach y que, más tarde, consiguió un contrato para escribir su primera novela. Estos sucesos se comprenden mejor en *Pegúntale al polvo,* donde su álter ego Bandini logra vivir de los pocos cuentos que consigue publicar en las revistas.

En la continuación de la saga de Arturo Bandini, *Sueños de Bunker Hill,* el joven autor narra sus inicios como guionista de cine, oficio del que vivió por muchos años. En *Mi perro idiota* confiesa que escribir guiones era mucho más fácil y le daba más dinero.

Como dijimos antes, si bien es su primera novela *Camino de los Ángeles* (1936) vio la luz porque su viuda, Joyce Fante, encontró el manuscrito perdido entre sus papeles[17]. Por lo tanto, su primera obra publicada es *Espera a la primavera, Bandini* (1938), seguida de *Pregúntale al polvo* (1939). Pasaron muchos años hasta que apareció su siguiente novela, *Llenos de vida,* en 1952. Allí el autor no utilizará un seudónimo ni nada que se le pareciera. John Fante habló directamente:

> Yo, John Fante, autor de tres libros. Del primero se vendieron 2.300 ejemplares. Del segundo, 4.800. Del tercero, 2.100. Pero en el cine no hay derechos de autor. Si tienes lo que les interesa en el momento, te lo compran, y a buen precio. En aquel momento tenía lo que les interesaba y todos los jueves recibía un cheque[18].

Y esa era toda su realidad. Estaba casado, esperando a su primer hijo. Vivía de los trabajos que escribía para *Paramount*[19]. Sus años de rebeldía habían quedado atrás, como también las historias de sus primeras novelas.

A diferencia de los importantes escritores de los siglos XIX y XX –como Poe, Whitman, Twain o Dreiser–, a quienes el periodismo les había cercado sus actividades literarias y económicas, la crisis de los años treinta llevó a muchos de los mejores escritores estadounidenses a depender de la industria de cine de Hollywood para sobrevivir.

Muchos integrantes de la naciente *generación perdida*, como Faulkner y Fitzgerald, cayeron en manos de los especuladores culturales para mantener a sus familias. Los trabajos eran modificados, censurados y hasta muchas veces destrozados. Como decía Raymond Chandler: «se destruía el talento»[20]. El autor no tenía un control real sobre su trabajo, no decidía sobre cómo se elaborarían sus ideas escritas. Los mejores diálogos y las mejores ideas podían ser dejadas de lado por el director o los productores[21]. Fante mismo se encargó de describir todo esto al final de su vida, en *Sueños de Bunker Hill:*

> La película estaba tan lejos de mi obra y mis ideas que era asombroso, increíble. Sólo dos veces descubrí expresiones que a lo mejor había escrito yo y que el director no había borrado. La primera se pronunciaba en una escena del principio, cuando el sheriff llegaba a Sin City y detenía el caballo en la puerta del salón gritando: «¡Sooo!». Recordaba bien aquella expresión: «¡Sooo!». Era mía. Poco después el sheriff salía del salón a zancadas, montaba el caballo y gritaba: «¡Arre!». Aquel pasaje también era mío: «Arre». So y arre…, mi consagración como guionista[22].

En 1944, al dedicarle un libro suyo a una amiga, escribió como dedicatoria: «De esta puta de Hollywood, de este artista vendido, de este lameculos de la *Paramount* al que pagan por las perfumadas vomitonas que susurra Dorothy Lamour»[23].

Esta frase, si bien fue incluida por un editor en una nota al pie en una de sus obras, podría tranquilamente aparecer en sus novelas. Fante se reía constantemente de él mismo.

Sin embargo, John Fante siguió escribiendo, y la literatura nuevamente cambió en pos de su experiencia: el escritor escribe sobre lo que sabe, sobre lo que había vivido. De allí que en sus siguientes trabajos, como *La hermandad de la uva* (1977), todo se centró en el redescubrimiento de los sentimientos familiares y en su relación con el padre. Entre esos trabajos encontraremos también *Un año pésimo* (1985) y *Al oeste de Roma* (1986)[24]. En este último, el autor describe su vida al promediar los cincuenta y cinco años de edad. Rememora su juventud, los días en los que escribía historias prometedoras. Rememora también sus inicios como guionista en Hollywood.

Sin embargo, y como describe en *Al oeste de Roma*, sus negocios con el cine empeoraron. Entretanto quería escribir pero no podía, no lograba producir una página memorable. Lo único que le quedaba, una familia numerosa, sólo parece llenarlo de preocupaciones y arruinarlo económicamente.

Como cuenta su hijo, Dan Fante, su padre tuvo una muerte muy lenta. Habiendo llegando a la vejez ciego y sin piernas por causa de una diabetes, murió hacia 1983 en Woodland Hills, California[25].

Si bien en sus últimos años de vida gozó de cierto éxito por el público y por la crítica –con la reimpresión de sus primeros trabajos a cargo de la editorial *Black Sparrow*–, fue reconocido póstumamente pocos años más tarde.

Todo poeta o novelista debe ser considerado como un hombre entre otros hombres dentro de un mundo de fuerzas económicas reales.

**

NOTAS

1 Entrevista realizada en *Lummox Press/Journal* hacia el año 2003.

2 John FANTE, *Pregúntale al polvo*. Traducción de Antonio-Prometeo Moya, 2.a edición, Barcelona, Anagrama, 2001, pp. 34-35.

3 John FANTE, *La hermandad de la uva*. Traducción de Antonio-Prometeo Moya, Barcelona, Anagrama, 2001, pp. 84-85.

4 John FANTE, *Sueños de Bunker Hill*. Traducción de Antonio-Prometeo Moya, Barcelona, Anagrama, 2002, p. 150.

5 Ibídem, p. 150.

6 Al igual que tantos otros –la lista sería exhaustiva– la obra de Fante alcanzó una suerte de gloria en Europa antes que en su propio país. Sin embargo, aun premiado póstumamente en 1987 con el *Lifetime Achievement Award*, por muchos años siguió siendo un autor desconocido por el gran público y, lo que es aún peor, por los mismos expertos. Ciertas hipótesis, no por ello del todo válidas, explican la incomprensión de su obra: Alessandro Baricco compara a Bandini con Holden Caulfield, no lo hace sino que en pos de las evidentes semejanzas que unen a los personajes. La suerte de Salinger, que grita sobre el mundo el mismo dolor, reside en que Holden es un personaje universal. Su historia es materia corriente entre sus contemporáneos. En cambio, John Fante, al ser hijo de la primera camada de inmigrantes, vivió una historia muy particular. Un editor de la obra de Fante, Francesco Durante, aporta también a estas mismas ideas unas notables explicaciones: «My opinion is that his origin acts as a limit, American literature is temped to include him within an ethnic enclosure. And I believe that you cannot understand Fante if you do not understand his being an Italian American» (JOHN-FANTE,-COM, «*Times of Glory for Bandini: Interview to Francesco Durante, editor of the volume of the first-class collection dedicated to John Fante*».

7 John FANTE, *Sueños de Bunker Hill,* op. cit., p. 21.

8 Como Terry Eagleton señala, precisamente en relación a la obra de Knut Hamsun: «Podría decir que reconozco su carácter literario porque estoy enterado de que proviene de esa novela de Knut Hamsun. Forma parte de un texto que yo leí como novelístico (…) El contexto me hace ver su carácter literario, pero el lenguaje en sí mismo carece de calidad o propiedades que permitan distinguirlo de cualquier otro tipo de discurso, y quien lo empleara en el bar no sería admirado por su destreza literaria» (Terry EAGLETON, *Teoría literaria*, México, Fondo de Cultura Económica, 1998).

9 En el sentido que Raymond Williams manifiesta sobre los códigos *emergentes*, es decir, aquellos que muestran un nuevo modo de pensar o enfoque, y suelen resultar potentes y diferenciadores (aunque también pueden ser percibidos como amenazantes e inspirar temor).

10 John FANTE, *La hermandad de la uva*, op. cit., p.87.

11 John FANTE, *Pregúntale al polvo*, op. cit., p. 52.

12 John FANTE, *Al oeste de Roma*. Traducción de Antonio-Prometeo Moya, Barcelona, Anagrama, 2007, p. 34.

13 John FANTE, *Espera a la primavera, Bandini*. Traducción de Antonio-Prometeo Moya, Barcelona, Anagrama, 2001, p. 9.

14 «En 1933 John Fante vivía en un ático de Long Beach y trabajaba en su primera novela, *Camino de Los Ángeles*. "Tengo siete meses y 450 pavos para escribirla. En mi opinión es sensacional", dijo a Carey McWilliams en una carta fechada en 23 de febrero de 1933. Fante había firmado un contrato con Knopf y cobrado un adelanto. Sin embargo, no terminó la novela a los siete meses. En 1936 reescribió las primeras cien páginas. En una carta sin fecha (escrita hacia 1936), dirigida a McWilliams, Fante dice que *"Camino de Los Ángeles* está terminada y yo estoy encantado, chico… Espero poder enviártela el viernes. Parte del contenido de la novela pondría de punta los pelos del culo de un lobo. Puede que sea demasiado fuerte; quiero decir que carece de buen gusto. Pero no me importa". La novela no se publicó, probablemente porque el argumento, a mediados de los años treinta, se consideró demasiado atrevido» (en John FANTE, «Nota del editor Norteamericano», *Camino de Los Ángeles*, op. cit., p. 7).

15 *A Family's Legacy of Writing, Drinking and Surviving* de Dan Fante, publicada por Harper Perennial hacia 2011, incluye además una *PosData* con entrevistas, cartas inéditas a editores (como William Saroyan, Carey McWilliams y H. L. Mencken) y poemas nunca antes publicados.

16 Se trata de una selección de cartas que trazan el surgimiento de la pobreza en la vida del autor como guionista de Hollywood (*John FANTE, Selected Letters* (ed. Seamus Cooney). Santa Rosa, CA: Black Sparrow Press, 1993).

17 John FANTE, «Nota del editor Norteamericano», *Camino de Los Ángeles*, op. cit., p. 7.

18 John FANTE, *Llenos de vida*, Barcelona, Anagrama, 2008. p. 11.

19 *John FANTE, Selected Letters* (ed. Seamus Cooney), op. cit., p. 32-44.

20 «Hollywood es el paraíso de los empresarios de espectáculos. Los empresarios de espectáculos no hacen nada; se limitan a explotar lo que algún otro ha hecho. Pero los empresarios de Hollywood controlan el proceso de creación… Y de este modo lo degradan. El arte básico del cine es el guión; es fundamental, sin él no hay nada… Pero en Hollywood el guión lo escribe un escritor asalariado bajo la supervisión de un productor; es decir, un empleado sin poder de decisión sobre el producto de su trabajo, sin derecho de propiedad sobre ello

[…]. Y eso no se puede hacer; lo único que se consigue así es destruir el talento, y eso es exactamente lo que sucede…» (en Raymond CHANDLER, «Escritores en Hollywood [1945]», en *A mis mejores amigos no los he visto nunca: Cartas y ensayos selectos*, Barcelona, 2013).

21 Es interesante aquí señalar el efecto que en las sociedades modernas los principales medios de comunicación materializan una amplia gama de percepciones y actitudes seleccionadas. Precisamente porque la industria del cine, concebida aquí como una institución, presenta una relación muy específica con la *formación* (literaria, artística) de muchos escritores.

22 John FANTE, *Sueños de Bunker Hill, op. cit.*, p.130.

23 John FANTE, *Llenos de vida* (Nota del editor), op. cit., p. 89.

24 Estas obras fueron editadas de manera póstuma, al igual que *Camino de Los Ángeles* y *Un año Pésimo.*

25 Dan FANTE, «The death of John Fante», *A Family's Legacy of Writing, Drinking and Surviving*, New York, Harper Perennial, 2011, pp. 329-330.

Cap.2

—

El tópico del crecimiento en la literatura norteamericana

** *

–1–

Desde el *sueño americano* hasta su pulverización, un tópico que rodea el centro y el borde de la literatura estadounidense es el de la niñez y el crecimiento. La idealización que comenzó en la declaración de Thomas Jefferson de 1776 (derecho a la vida, derecho a la libertad y a la búsqueda de la felicidad) encontró, bajo los ojos de Emerson y de Whitman, el poema nacional que trasciende en detrimento de las tradiciones.

Las palabras son los signos de los hechos naturales, nos dirá Emerson en *Naturaleza*. Esto significa que, buscando en la raíz del lenguaje, se encontrará la apariencia material que lo constituye: derecho significa recto; equivocado significa torcido; transgresión, el cruce de una línea…

Estos procesos, si bien permanecen ocultos en los lejanos tiempos en que se formó el lenguaje, pueden ser observados diariamente en los niños, que sólo utilizan sustantivos o nombres de cosas, los cuales convierten en verbos y aplican a semejantes actos mentales.

Un pasaje de Emerson despliega aún mejor las intensas hojas del arbolado:

En los bosques, también, un hombre puede desprenderse

[3 5]

de sus años del mismo modo que una serpiente lo hace con su pellejo; y no importa en qué período de la vida se encuentre, siempre será un niño… Entonces siento que nada puede caerme encima, ni una desgracia, ninguna calamidad que la Naturaleza no pueda reparar. Parado en el suelo desnudo, mi cabeza bañada por el alegre aire, y elevado en el infinito espacio, cualquier ruin egoísmo se desvanece. Me convierto en un ojo transparente, no soy nada, veo todo[1].

La varita hace saltar y bailar como niños a los poetas; se trata de una visión de la confianza en sí mismo, de un nuevo Adán americano. La gnosis de Emerson derriba lo mejor de la cultura heredada, incluso a Shakespeare.

«América es un poema ante nuestros ojos»[2]. Podemos decir que es una tierra virgen, joven, inocente, que necesita romper con el pretérito para volver a su naturaleza. Es el *canto a uno mismo*, la apertura de la democracia y de la libertad en Whitman; caída hacia adelante que se realiza sin esfuerzo, caída que fluye en el interior de cada uno en la forma de vida, como señala Harold Bloom[3].

Sin embargo, en los diarios posteriores de Emerson reaparece con frecuencia un pesimismo que se aparta de la idealización inicial: emerge una mirada que evidencia la crueldad sufriente que viven el proletariado urbano y los esclavos negros. La búsqueda entonces no puede realizarse sin esfuerzo, el cuerpo puede ser frágil, el plato puede romperse al caer.

Las aventuras de Tom Sawyer (1876) y *Huckleberry Finn* (1884), escritas por Mark Twain alrededor de cuarenta años después de *Naturaleza* (1836), pueden ser consideradas como un reflejo de la debilidad misma de la niñez, de la irrupción de un borde y un abismo que la rodean. Acá la infancia debe ser protegida de la educación y del crecimiento:

> Ahora creo que voy a tener que emigrar al territorio indio antes que los demás, porque la tía Sally dice que me va a adoptar, y que me va a civilizar, y eso es algo que yo no aguanto. Ya pasé por eso antes [4].

También Herman Melville –otra de las principales figuras de la historia de la literatura estadounidense– en *Moby-Dick* (1851) niega el optimismo sobre el que se fundaron los Estados Unidos: advierte sobre los peligros del poder, las divisiones simplistas entre los buenos y los malos, el sacrificio del bien colectivo en pos de la libertad individual.

Si bien hubo que esperar unos años para que la grieta se hiciera visible, el centro ya había perdido gran parte de su fortaleza. Quienes formaron a John Fante, tal como él indica en sus páginas, no sólo percibieron el advenimiento de una realidad que se diferenciaba de la idealización primera, sino que también fueron protagonistas del derrumbe. Hablamos de Scott Fitzgerald, John Dos Passos, Ernest Hemingway, Thomas Wolfe, Theodore Dreiser y John Steinbeck, entre otros. La generación perdida, tal como hoy la conocemos, puede definirse como el símbolo de la experiencia estadounidense posterior a la Primera Guerra Mundial y a los efectos de La Gran Depresión.

Cesare Pavese dice sobre Dos Passos que todos sus libros son representaciones polémicas de la lucha que el autor ve desarrollarse entre trabajo y capital, de la hipocresía retórica capitalista del mundo burgués durante la guerra y después de ella[5]. Esto se trasluce en *Manhattan Transfer*, novela publicada en 1925, donde la mayoría de los personajes terminan en el fracaso.

En la obra de Thomas Wolfe, a través de las experiencias de jóvenes y adolescentes, se narra, más que una serie de fracasos, la incapacidad de los personajes para despojarse de las influencias de las nefastas costumbres estadounidenses. En *No puedes volver a casa* (1940), por ejemplo, la niñez se presenta como un período lejano al que no se puede regresar.

En Hemingway y Fitzgerald, dos de los representantes más considerados de la generación –si bien el segundo resulta más pesimista que el primero– se denuncia el aspecto trágico del sueño americano.

En *Adiós a las armas*, publicado por Hemingway el mismo año del Gran Crack, el protagonista de la narración comprueba que los hombres que lo rodean ya no se limitan a las reglas del juego. En *Tener y no tener* (1937) se describe una sociedad en la que los códigos de honor y los valores solidarios se encuentran dominados por la hipocresía.

El gran Gatsby (1924) de Fitzgerald muestra que el sueño americano es irrealizable precisamente porque es un sueño[6]. Gatsby se enriquece con el comercio ilegal de licor durante el período de la ley seca en los Estados Unidos, pero el desenlace es trágico y el personaje muere.

La vida de Fitzgerald transitó el mismo camino, y el final de sus días –anticipado en su obra– cobró el mismo tono de denuncia y desesperanza. En *El crack-up* –firmado hacia 1936– encontraremos un pasaje, si bien demoledor, a la vez dotado de hermosura y sinceridad:

> Esto es lo que ahora pienso: que el estado natural del adulto consciente es una infelicidad específica. También pienso que en un adulto el deseo de ser de mejor fibra de la que es, «un esfuerzo constante», sólo termina por añadirse a esa infelicidad con el fin de nuestra juventud y esperanzas. Mi propia felicidad, en el pasado, a menudo se acercaba algo así como a un éxtasis que no podía compartir ni siquiera con la persona que más quería, sino

que tenía que agotarla caminando por tranquilas calles y callejas, y de él sólo quedaban fragmentos que destilar en los renglones de un libro [...]. No era lo natural sino todo lo contrario –tan artificial como la Era de la Prosperidad–; y mi experiencia reciente marcha en paralelo con la ola de desesperación que azotó a la nación cuando se terminó la Era de la Prosperidad[7].

En Fitzgerald la grieta se desliza y el plato se rompe. La niñez, las esperanzas y la vitalidad se escapan por una abertura que surge de forma natural. Como señala Deleuze en *Porcelana y Volcán*, son dos los elementos o procesos que se dan y que difieren por naturaleza: la grieta que alarga su línea recta, incorporal y silenciosa, en la superficie; y los cuerpos exteriores o los ruidosos empujes internos que la hacen desviarse, profundizarse, y la inscriben en el espesor del cuerpo[8].

Si bien el tópico siguió extendiéndose a lo largo de la historia de la literatura estadounidense (posteriormente, en J. D. Salinger y en la *generación beat*, que propuso la fuga de las hipocresías frustrantes y de la falta de entendimiento y generosidad de la vida adulta norteamericana), cualquier lector que se acerque a la obra de John Fante encontrará algo más que sus vestigios, sobre todo en aquellos libros en los que Arturo Bandini no ha transitado todavía la adultez.

–2–

El primer contraste que encontramos –por cierto evidente– entre John Fante y los escritores de la generación perdida que más lo influenciaron es la diferencia generacional. Si bien la distancia no es del todo considerable (Fitzgerald y Dos Passos nacieron en 1896, Hemingway en 1899 y Fante en 1909), hay una vitalidad y una experiencia histórica que interfiere entre ellos: la Primera Guerra Mundial, en la que participaron muchos integrantes de la naciente generación. Esto conduce, por cierto, a diferenciar que en el momento de la Gran Depresión, Fante era aún un joven que comenzaba su carrera literaria.

En las primeras obras de Fante, encontraremos a un autor que descansa cómodamente frente al antojo y al deseo de su voluntad: todavía parece no existir un límite o un precipicio. Si bien la realidad despliega en sus bordes la prudente jaula del silencio, Fante cierra sus ojos y se deja caer una y otra vez: algo anterior lo mantiene erguido sobre su siniestra senda.

A diferencia de la fuerza exterior e invencible que rodea las esperanzas de la generación perdida, en las primeras novelas de John Fante se hace explícito un sentimiento de superioridad, un mecanismo de existencia basado en el enfrentamiento contra las corrientes aspiraciones y valoraciones del mundo. Sobre todo en *Camino de Los Ángeles*, *Espera a la primavera*, *Bandini* y *Pregúntale al polvo*, en donde su álter ego es todavía un joven muchacho:

> Los he visto salir haciendo eses de sus palacios de cine, entornar sus ojos vacíos ante la realidad de todos los días, volver a casa tambaleándose por leer el *Times*, para saber qué pasa en el mundo. He vomitado al leer su prensa, he leído sus libros, observado sus costumbres, comido su comida, deseado a sus mujeres, abierto la boca ante el arte que producen. Pero soy pobre, mi apellido termina en vocal, me odian a mí y a mi padre, y al padre de mi padre, y si por ellos fuera, me sacarían la sangre, me sacrificarían, pero ya son viejos, agonizan al sol y en el polvo tórrido del camino, y yo soy joven y estoy lleno de esperanzas y de amor por mi patria y mi época [9].

—

¡Un material estupendo! ¡Soberbio! En la vida había leído nada igual […]. ¡Vamos! ¿Quién quiere pelear conmigo? Lucharé con todos los cretinos que hay en esta sala. Puedo darle una paliza al mundo entero. Era una sensación como ninguna otra en la tierra. Yo era un fantasma. Flotaba, me elevaba, reía y flotaba. Era demasiado. ¿Quién lo habría imaginado? Que yo fuera capaz de escribir así… ¡Dios mío![10].

—

—Dame un cigarrillo —dije—, negrito.
Le dio de lleno. Ah, y cómo le dolió el pepinazo [...].
—La verdad es que no eres un negrito —dije—. Eres un maldito filipino, que es peor […]. Un filipino amarillo. ¡Un maldito extranjero oriental! ¿No te resulta inquietante tener blancos cerca? […] Tú eres filipino. Los filipinos no os mareáis porque estáis acostumbrados a esta guarrería. Yo soy escritor, hombre. Un escritor americano, no un escritor filipino. Yo no nací en las Filipinas. Nací aquí, en la buena tierra americana, al pie de las barras y las estrellas[11].

Arturo Bandini lee autores difíciles, se diferencia del vulgo, de las personas comunes. Siente esta misma superioridad frente a su familia o a sus compañeros de trabajo. Su vida no sucede sino en pos de la rivalidad. Sea contra el régimen burgués y cristiano o contra la institución familiar, a fin de cuentas habrá un único y eterno enfrentamiento: el que mantiene él en contra de sí mismo.

¿Dónde narices vas, Arturo? ¿Por qué por esta calle y no por aquella? ¡Responde, so ladrón! ¿Quién va a darte un trabajo, so tirado, quién? Pero hay un parque al otro lado del municipio, Arturo. Se llama Banning Park. Hay allí muchos hermosos eucaliptus y verde césped. ¡Qué lugar para leer! Ve allí, Arturo. Lee a Nietzsche. Lee a Schopenhauer. Entra en contacto con los poderosos. ¿Un trabajo? ¡Bah! Siéntate al pie de un eucalipto y lee un libro mientras buscas trabajo [12].

—

Bandini sigue andando, no muy alto pero sí fornido, orgulloso de su musculatura, apretando los puños para complacerse con la alegría salvaje de los bíceps, estúpido y temerario Bandini, que no teme nada salvo lo desconocido en un mundo de maravillas y misterios. ¿Resucitan los muertos? Los libros dicen que no, la noche grita que sí. Tengo veinte años, he alcanzado la edad de la razón, estoy a punto de meterme por las calles de abajo, en busca de una mujer. ¿Está ya mancillada mi alma? ¿Doy media vuelta? ¿Me vigila algún ángel? ¿Calman mis temores las plegarias de mi madre? ¿Me turban las plegarias de mi madre?[13]

Y es que en la obra de Fante la niñez misma será sólo vestigio, como el atardecer lo es de la noche. El carácter infantil que encontramos en sus páginas alumbra y prologa una luz que, con paciencia, espera ser descubierta. Tal vestidura no es sino la sombra del cambiante rostro del crecimiento, un crecimiento que debe ser postergado, combatido, precisamente desde el empuje interior que logre despojar las asquerosas manos de una cultura corrompida.

—3—

El poeta es un hombre que ha conservado sus ojos de niño, decía Léon Daudet. Y conservar supone un proceso en el que intervienen fuerzas internas y externas, naturales y artificiales; no es algo que pueda realizarse sólo dando un salto hacia delante sin esfuerzos. Para resistir hay que perdurar, del mismo modo que sólo perdura lo que es protegido. Es preciso, por tanto, que partamos de este escenario, vislumbrando el abismo de la grieta para sujetarnos del sórdido altillo de Long Beach en el que John Fante comenzó a trabajar en su primera novela, *Camino de Los Ángeles*.

En esta obra, el autor intentó reflejar su historia de vida, o más bien su corta existencia, ya que Fante contaba con apenas veinticuatro años cuando comenzó a escribirla. En ella encontraremos una eventual muestra, una inmemorable pieza de su juventud.

La idea con la que comenzamos este apartado, el poeta que conserva sus ojos de niño, encuentra en sus páginas un fiel reflejo. Pero Fante fue mucho más lejos; como un chico jugó con semejante idea. Es la figura de un niño la que se oculta –en el principio de *Camino de Los Ángeles*– detrás de la apariencia de un adolescente. Esta idea se comprueba en el instante en que el personaje se convierte, de un momento a otro, en escritor. Como un chico que se deja guiar por sus pasos en el intento de capturar lo novedoso y aventurero de las circunstancias, acaso sin reflexionar sobre sus consecuencias (tira un juguete para levantar otro, empieza un trabajo para dejarlo a medias porque le atrae más otra ocupación), Fante elige su vocación:

Mientras yo comía, Jim hablaba.
—Lees mucho —dijo—. ¿Has probado a escribir alguna vez? —Ya estaba. En lo sucesivo sería escritor.
—Ya estoy escribiendo un libro.
Quiso saber qué clase de libro.
—Mi prosa no está en venta —dije—. Escribo para la posteridad [...].
—¿Qué escribes? ¿Cuentos o novelas?

—Las dos cosas. Soy ambidextro.

—Ah. No lo sabía.

Fui al otro extremo del local y compré un lápiz y un cuaderno[14].

Y así ocurrió sin más. Bandini era ahora un escritor. Luego de tomar algo en Jim´s Place, un bar de los suburbios de Los Ángeles, caminó con rumbo al puerto en busca de argumentos para su nueva profesión:

Me gustaba ir allí [...]. Me ponía soñador y pensaba mucho en lugares lejanos, en el misterio de lo que contenía el fondo del mar, y todos los libros cobraban vida de repente[15].

Al llegar se detuvo en un puente, cerca de una industria pesquera. Humedeció su lápiz y, sobre su cuaderno recién comprado, escribió: «*Interpretación psicológica del estibador de hoy y de ayer, por Gabriel Arturo Bandini*». Pero le resultó un tema difícil. Intentó volver a escribir una y otra vez, hasta que finalmente desistió y cambió de argumento. Supuso que la filosofía le resultaría algo más fácil. Anotó luego en sus papeles: «*Disertación moral y filosófica sobre el hombre y la mujer, por Gabriel Arturo Bandini*». Pero, pasadas las primeras veinte líneas, se cansó, dejando de lado otra vez toda aquella historia.

El inquieto e impaciente personaje decidió en cambio bajar del puente y caminar sobre unas rocas que bordeaban la orilla del mar. Iniciaba así un largo recorrido sobre pedruscos cubiertos de musgo y pequeños charcos, sintiendo ya la extrañeza del subterráneo y frío lugar, hasta que de pronto percibió que algo comenzaba a moverse debajo de sus pies. Las piedras parecían tomar vida o algo parecido. Súbitamente sintió el rápido movimiento de seres que reptaban: miles y miles de cangrejos acechaban el lugar en el que estaba de pie:

> A mis pies había un nido de cangrejos aún más pequeño [...]. Lo cogí y lo sostuve mientras pataleaba con desesperación, tratando de picarme. Pero lo tenía bien sujeto y él estaba indefenso. Eché atrás el brazo y arrojé el cangrejo contra una piedra. Reventó produciendo un chasquido [...].

> Pero los pequeños no me interesaban, era a los grandes a los que quería destruir. Eran adversarios dignos del gran Bandini, de Arturo el conquistador. En la orilla había un montón de piedras. Me subí las mangas y empecé a tirárselas al cangrejo más grande [...]. Casi le había tirado ya veinte piedras cuando le di. Fue un triunfo[16].

Matarlos a pedradas no le resultaba algo sencillo. Además de la numerosidad de los ejemplares que invadían la orilla y del tiempo que requeriría matarlos a todos manualmente, las afiladas piedras comenzaron a lastimarle poco a poco los dedos.

Arturo decidió entonces retirarse del campo de batalla para ir en busca de armas y municiones. Llegó así hasta un proveedor de buques donde se vendían armas. Compró una escopeta de aire comprimido y una innumerable cantidad de balines:

> Estuve matando cangrejos toda la tarde [...]. Yo era Bandini el dictador, el Hombre de Hierro de Cangrejilandia [...]. Habían querido derrocarme, aquellos malditos cangrejos habían tenido el valor de promover una revolución y me estaba desquitando [...].
> Maté más de quinientos y dejé heridos el doble[17].

Si bien sus primeros intentos formales de escritura aparecen frustrados, el pasaje de este ejercicio a la inmediata aventura –o juego– se presenta de manera sustitutiva. El inalterable vínculo que existe entre su imposibilidad de escribir y la involuntaria búsqueda de lo novedoso –que es similar también a la sensación del juego– conduce al personaje a perderse en un escenario hasta ese entonces desconocido por él que necesariamente termina en una forma de diversión infantil.

Sin embargo, tampoco resulta azarosa la misma idea originaria de la palabra escribir. Si bien viene del latín *scribere*, «grabar en piedra u otro material», también la palabra *write* del inglés viene de *writanan*, que significa «romper o rayar». Necesariamente en Fante perdura esta idea, la idea de la fijación. El tiempo logra contar los pasos que lo separan del espacio. Lo conservado es aire, vapor, bruma. Transitoriamente deja borrosa e indefinida la grieta y la frontera. Se logra lo imposible: permanecer en la orilla sin caer. Por eso importa tanto el hecho de matar a aquellos cangrejos como su resultado, esta idea de grabar en piedra su inmortal legado:

> Lo atravesó limpiamente, clavándolo a la roca. ¡Recordarás por los siglos de los siglos que te he vencido![18]

> ———

> Admirado y lleno de auténtica veneración, mandé poner una lápida donde había caído aquella cautivadora heroína de otra de las inolvidables revoluciones del mundo, que había dado su vida durante los sangrientos días de junio del gobierno Bandini. Aquel día pasaría a la historia [19].

> ———

> Aquellos cangrejos no me olvidarían durante mucho tiempo. Si escribieran historia me dedicarían un gran espacio

en sus crónicas. Puede que incluso me llamaran el Asesino Negro de la Costa del Pacífico. Los cangrejitos oirían hablar de mí a sus mayores y mi nombre infestaría de terror sus recuerdos [...]. Algún día sería leyenda en su mundo[20].

La misma elección de la figura del cangrejo tampoco debe resultarnos para nada casual o imprevista. Además de su aparición en *Camino de Los Ángeles*, encontraremos también una importante referencia a estos crustáceos en *La hermandad de la uva*[21], otra excepcional novela del autor.

Porque, y como lo legitima la historia, en el Antiguo Egipto, el cangrejo era un símbolo de la transformación y del cambio; de la renovación constante de la existencia y del alma. Idea reforzada todavía más por el color rojo del cuerpo de los crustáceos; idea del fuego interior concebida por los alquimistas y que permite la transmutación.

Sin embargo, esta transformación de niño en escritor o de niño en poeta, en la obra de Fante, todavía se presenta como una lejana ola que promete engrosarse con la suma de las páginas. Si bien son claras y directas las analogías y los símbolos que emplea, el escritor, planteado como un escritor realista, no puede ni quiere devastar de un plumazo la orilla en la que un niño juega a matar cangrejos.

Y he allí un punto importante en el autor: trasunta honestidad. Porque Fante, más que diferenciar el mar de su orilla, intenta esclarecer el momento de la irrupción de las olas, lo que ellas con su brusco movimiento desencadenan. Por eso, en Fante, la transmutación sucede como lo vivido: el poeta que todavía no es pero que tampoco es un niño; el niño que en su juego condena un acto inmortal; el adulto que a la vez juega y fantasea, inventando para sí historias fantásticas, como la de todo verdadero escritor:

Un cangrejo, de brillantes colores y lleno de vida, me recordó a una mujer: sin duda una princesa entre aquellos renegados, una valiente cangreja gravemente herida, pues había perdido una pata, y un brazo le colgaba lastimosamente. Me partió el corazón. Celebramos otra conferencia y decidí que, debido a la extrema urgencia de la situación, no podía haber distinción de sexos. Incluso la princesa tenía que morir [...].
Durante un rato hablé con la princesa en privado, para presentarle formalmente las disculpas del gobierno Bandini y concederle su última voluntad (oír *La paloma*). Se la silbé con tal sentimiento que acabé llorando. Apunté con la escopeta su bello rostro y apreté el gatillo[22].

Impresiones como las que aquí se presentan no hacen más que abrir una puerta que ha sido atrancada. Atrancada quizá por el mismo autor, que entretanto tampoco nos ha dejado ninguna cerradura que la proteja. John Fante más bien ha favorecido estas formas.

En 1983 y 1985, dos obras inéditas del autor aparecieron póstumamente. La primera de ellas ha sido objeto del capítulo precedente. En la segunda, titulada *1933 Was a Bad Year* (conocida como *Un año pésimo*), narra también sucesos de su adolescencia. En ella, el personaje es simplemente un joven aficionado al béisbol, cuyo único y añorado sueño es convertirse en un gran lanzador. Que sean del lector y del poeta las últimas palabras:

Oh, carretas de la noche allende el lóbrego mar,
aves mudas mueven vuestras ruedas empapadas en sal.
La pesadumbre nubla la tierra
buscando huellas de las ruedas.

Chillan las gaviotas, saltan los peces, sale la luna.
¿Dónde están los niños?
Mi amor está lejos y los niños no están.
Un barco oscuro cruza el horizonte.
¿Qué ha pasado aquí?[23]

* *

NOTAS

1 Ralph Waldo EMERSON, *Naturaleza*, Palma de Mallorca, Oñaleta, 2007.

2 Ralph Waldo EMERSON, *El hombre y el mundo*. Traducción de Pedro Márquez, Buenos Aires, Américalee, 1964, p. 155.

3 Harold BLOOM (Ed.), *«Emerson: The American Religion»*, *Emerson's Essays: Modern Critical Interpretations*. Traducción de Ezequiel Ferriol, Nueva York, Chelsea House, 2006.

4 Mark TWAIN, *Las aventuras de Huckleberry Finn*. Traducción de Graciela Montes, Buenos Aires, Colihue, 1997, p. 345.

5 Cesare PAVESE, *La literatura norteamericana*. Traducción de Jorge A. C. Binachi, Buenos Aires, Siglo Veinte, 1975, p. 122.

6 Walter ALLEN, *El sueño norteamericano a través de su literatura*, Buenos Aires, Pleamar, 1976, p. 19.

7 Scott FITZGERALD, *El crack-up*. Traducción de Mariano Antolín Rato, 2a edición, Barcelona, Anagrama, 2003, p. 126.

8 Gilles DELEUZE, *«Porcelana y volcán»*, *Lógica del sentido*. Traducción de Miguel Morey, Barcelona, Paidós, 1989, p. 163.

9 John FANTE, *Pregúntale al polvo,* op. cit., pp. 61-62.

10 John FANTE, *Camino de Los Ángeles.* Traducción de Antonio-Prometeo Moya, Anagrama, 2002, p. 157.

11 Ibídem, pp. 77-78.

12 John FANTE, *Camino de Los Ángeles,* op. cit., pp. 47-48.

13 John FANTE, *Pregúntale al polvo,* op. cit., p. 24.

14 John FANTE, *Camino de Los Ángeles,* op. cit., p. 32.

15 Ibídem, p. 33.

16 Ibídem, pp. 36-37.

17 Ibídem, p. 38.

18 Ibídem, p. 38.

19 Ibídem, p. 39.

20 Ibídem, p. 42.

21 En esta novela, en cambio, son los cangrejos los agresores.

22 John FANTE, *Camino de Los Ángeles,* op. cit., pp. 38-39.

23 John FANTE, *Sueños de Bunker Hill,* op. cit., p. 111.

Cap.3

—

Entre la niebla y el polvo

* *

¿Por qué te envuelven todavía esas nubes de tristeza?
Hamlet, II.

La presencia insistente —y hasta incluso obsesiva— de los símbolos *polvo* y *niebla* en la obra de John Fante hacen que dediquemos a ellos un apartado especial. En ese sentido, y aun en contra del afán de encerrarnos en un texto, estos símbolos viven, permanecen y nos ponen en un inmediato contacto con otros textos. Cada sentido, como advierte Bajtín, «tendrá su fiesta de resurrección»[1]. Y a pesar de la multivocalidad de los símbolos (un concepto que Robert Darnton extrae de la obra de Victor Turner[2]), al ir y venir entre la narración y la documentación circundante[3], quizá resulte posible delinear la dimensión [reserva] histórica del significado[4]. Más aún, cuando en la literatura de John Fante se destacan muchas veces los insumos de sus condiciones productivas (ejemplo de ello es la obra de Knut Hamsun o Fiódor Dostoievski, entre otros).

En *Pregúntale al polvo* y en *Camino de Los Ángeles,* estos símbolos se entremezclan a lo largo de toda la narración y sus escenarios, si bien nunca de una manera anclada o precisa. Es por eso que ambas representaciones pueden admitir diferentes interpretaciones simbólicas, más aún cuando se

[55]

trata de dos elementos que se refieren a lo evanescente, a lo corpóreo pero sin forma.

Sin dudas estos símbolos remiten a un determinado momento de su vida: la niebla aparece en el primero de sus libros, antes de partir hacia Los Ángeles; el polvo confluye después, en su estadía misma en el distrito de Bunker Hill. Fante era un artista, un indudable creador de belleza. Sólo que, por haber nacido pobre, debía dejar a un lado sus sueños para convertirse en otro eslabón obrero de la burguesía, clase de la que odiaba sus ropas, su modo de comportarse, la manera en la que hablaban, los estúpidos libros que leían. El talentoso niño que pasaba sus tardes enteras en la biblioteca, inmerso en lo mejor de la literatura y de la filosofía (Schopenhauer, Nietzsche, Spengler), debía, entretanto, ganarse la vida con los trabajos más insufribles y marginales.

Son muchos los pasajes donde encontramos este choque o intersección entre una experiencia específica de clase y su *formación* —proyecto— literario. Cuando, en *Camino a los Ángeles*, el joven Arturo ingresa a trabajar en una fábrica de conservas, debió soportar las insistentes burlas de sus compañeros:

> Aquella primera mañana no tuvo principio ni fin. Entre un vómito y otro me quedaba junto al vertedor de latas […]. Y les dije quién era. Arturo Bandini, el escritor. ¿No habéis oído hablar de mí? ¡Ya oiréis! Tranquilos. Mi libro sobre las industrias pesqueras californianas. Será un clásico sobre el tema.
>
> —No estoy aquí para quedarme. Estoy reuniendo material para un libro sobre las industrias pesqueras californianas. Soy Bandini, el escritor. No necesito este trabajo. A lo mejor doy mi sueldo para obras de caridad: al Ejército de la Salvación […].

—Ya pasará —dijeron riendo.

—Tú vete a casa. Tú escribir libro. Escritor. Demasiado bueno para fábrica. Tú vete y escribe libro de vómitos. Carcajadas[5].

Lo mismo ocurre con sus jefes, con su familia, con la sociedad entera: todos parecen darle la espalda y tomarlo como una broma o algo parecido. No sólo no lo respetan, sino que además lo humillan constantemente.

Por eso siempre está solo, tramando su primera novela, recorriendo las calles y alzando su puño ante un Dios malvado:

> Por la ventana entraba la niebla, tímida y fría. Pronto se llenó la habitación. Seguí escribiendo. Página once. Página doce. Levanté la vista. Era de día. La niebla invadía la habitación[6].

> ———

> La niebla me tragó. Me comí los caramelos mientras volvía andando a casa. Estaba contento por la niebla porque así el señor Hutching no me veía. Estaba en la puerta de su pequeña tienda de aparatos de radio. Me andaba al acecho [...]. Si hubiera estirado el brazo habría podido tocarme, pero no me vio[7].

> ———

> Finalmente me sentí tan despreciable que lo único que podía hacer era echarme a dormir. Tarde horas en coger el sueño. La niebla se estaba levantando por el este, y el oeste era negro y gris. Debían ser las tres. Oía los suaves ronquidos de mi madre en el dormitorio. Por entonces ya estaba dispuesto a suicidarme, y mientras lo pensaba me quedé dormido[8].

La niebla siempre aparece como su única compañía. Es parte de su paisaje, del entorno que lo rodea. Una primera aproximación al significado cotidiano de la niebla no nos habla de su componente químico o natural, sino más bien de su capacidad de ocultar y obnubilar cosas. La tentativa es clara: el mundo le da la espalda a Arturo Bandini. Nadie lo entiende, nadie lo ve. Una espesa niebla parece cubrirlo de la mirada de los otros.

Pero existe algo aún más provocador en *Camino de Los Ángeles*, algo que llama inmediatamente la atención del lector: la ausencia física de su padre. A diferencia del resto de sus novelas —donde su padre, Nicola, cobra un lugar casi protagónico—, en las primeras líneas de su primer trabajo, el autor da por muerto al personaje más importante de su obra: «Hice muchos trabajos en el puerto de Los Ángeles, porque nuestra familia era pobre y mi padre había muerto»[9].

La novela perseguía un fin que era claro: el reconocimiento y la instauración del universo literario de Arturo Bandini. Pero la realidad lo cercó como a un animal, le recordó que era pobre y que sus sueños eran irrealizables. Era burlado y humillado.

Ante esta imposibilidad, la venganza y la justicia comenzaron a gobernar al personaje y la trama: «Empezó a ir por mal camino cuando murió su padre, y mire lo que le ha pasado»[10]. Existe algo en este desencuentro entre la ficción y la realidad del autor. Fante escribía desde su experiencia, acerca de lo que sabía.

En *La hermandad de la uva*, donde el autor narra sus comienzos literarios desde una cercanía más próxima a su verdadera experiencia, veremos que la inclusión de Dostovievski —metáfora del parricidio— cobra una importancia más que significativa para comprender su historia. Fante pretendía imponer su voluntad y su vocación frente a la autoridad y los deseos de Nicola.

Elementos tan próximos como *ghost* —fantasma, espíritu,

espectro—, la muerte de un padre, y el deseo de venganza y de justica, nos conduce inevitablemente a recordar los siguientes versos de *Hamlet*:

Pero ¡silencio ¡Mirad! ¡Ved dónde aparece de nuevo!...
¡He de salir al encuentro, aunque me hechice! ¡Detente, fantasma!
¡Si puedes emitir sonidos o usar la voz, háblame!
¡Si hay alguna buena obra por hacer, que te reporte a ti un alivio
Y a mí una gracia divina, háblame! […].
O si en vida depositaste en las entrañas de tu tierra
Tesoros mal adquiridos, por cuya causa, según se dice, vosotros,
Los espíritus con frecuencia vagáis errantes
Después de la muerte, dímelo![11]

¿Por qué John Fante, en su primera novela, evitó hablar del arduo enfrentamiento que tuvo con Nicola Fante? ¿Hasta qué punto la huida de su tierra natal lo distanció de aquel? John escribió el relato desde el desarraigo de su familia y de sus valores[12]. Una muerte lo perseguía, una muerte que envolvía a su ser en forma de niebla. Algo de esa presencia cobró vida en *Camino de Los Ángeles*; una presencia que vigila y hace modificar los pasos del personaje.
Muerte. La niebla se permite representar a los muertos también en el Oriente[13]. No se trata de hacer piruetas –entre los poemas de *Kojiki* y Shakespeare media un milenio–, sino precisamente de ver cómo en dos culturas distintas, lejanas, construidas a partir de temporalidades diferentes, un mismo símbolo se emplea para designar lo mismo[14].
La labor del príncipe Hamlet consiste en hacer justicia a su desdichado y difunto padre. En la obra de John Fante sucede algo muy similar: de la misma manera que el mundo le

da la espalda a Arturo Bandini, el autor se venga de la niebla que cubre a la figura de su padre[15]: «San Elmo era su Louvre, la exposición donde el mundo podía ver sus obras. Le enfurecía que el pueblo no reconociera sus méritos[16]» . Dan Fante también huyó de su casa a la misma edad y de la misma manera que su padre. Repitió su historia y se entregó a los oficios menos afortunados para sobrevivir. Llegó a amar y a respetar a John Fante desde la distancia. Más tarde comenzó a escribir para vengar la niebla que lo había rodeado durante toda su vida.

En tanto, el polvo —que reaparece en cada una de las páginas e incluso en el título de la continuación de *Camino de los Ángeles*— reviste también distintas significaciones. Sin embargo, la inclusión del término en determinados pasajes de la novela hace que se presente de manera menos dispersa que el símbolo anterior:

Ningún policía de Los Ángeles detenía por vagancia a nadie que llevase jersey deportivo y gafas de sol. Pero no dudaba en perseguir al que llevase los zapatos cubiertos de polvo y un jersey grueso como los que se llevan en los países fríos[17].

—

Pienso en la Pensión Alta Loma, me acuerdo de las personas que vivían allí. Recuerdo el primer día que pasé en ella. Recuerdo que entré en el vestíbulo oscuro, cargado con dos maletas [...] Había llegado en autobús, lleno de polvo hasta las cejas, con el polvo de Wyoming, de Utah y de Nevada en el pelo y en los oídos[18].

—

Hermosas muchachas, contentísimas cuando uno se conducía como un caballero y cosas así, cuando me limitaba a tocarlas y me llevaba el recuerdo del tacto a la habitación, donde el polvo se acumulaba sobre la máquina de escribir y Pedro el ratón se instalaba en su nido para contemplarme con sus ojos negros durante horas de ensueño y delirio[19].

——

Polvo y edificios viejos, viejos asomados en las ventanas, viejos que salían tambaleándose [...] Smith, Jones, Parker, farmacéuticos, banqueros, panaderos, polvo de Chicago, Cincinnati y Cleveland en los zapatos, condenados a morir al sol, unos dólares al banco, suficientes para suscribirse al *Times*, suficientes para mantener vivo el espejismo de que estaban en el paraíso[20].

En todos estos pasajes, como en tantos otros de la novela, el polvo se encuentra asociado con la miseria humana. Aparece como un indicio de la pobreza, de lo excluido y lo marginal, de aquello de lo que el mundo se alimenta y a la vez oculta. Es la escoria del sistema burgués. Es olvido. Pena[21]. En *Pregúntale al polvo*, Arturo Bandini –al trasladarse a Los Ángeles– queda inmerso dentro de una sociedad que no le permite tener ningún tipo de esperanza. Si antes existía una niebla que lo rodeaba, que le impedía mostrarse al mundo por lo que era y salir de sí, ahora es el polvo quien lo persigue y acecha.

Al huir de su casa y llegar a la gran ciudad, el personaje queda cubierto de polvo: sus zapatos, su habitación, la misma cima de Bunker Hill; todo lugar en la tierra parece estar impregnado por este elemento.

Preguntarle al polvo es preguntar por un pasado que ha sido devastado, destruido, apartado de la superficie. Preguntar por la ceniza que ha quedado de otras cosas.

¿Puede el aire levantar la hoja que tiembla y cae junto al árbol?

**

1 Mijail BAJTIN, *Estética de la creación verbal.* Traducción de Tatiana Bubnova, Siglo veintiuno editores, 1982, p. 384.

2 Victor Turner trabajó con la multivocalidad [Multi-vocality] de los símbolos, con la idea de demostrar cómo para la gente común los símbolos tienen muchos significados, y de cómo estos a la vez pueden expresar distintos significados simultáneamente.

3 Fue necesario —dada la imposibilidad de realizar estudios de recepción en su específico contexto histórico de producción—, por tanto, partir de otros documentos históricos y personales, anotaciones marginales de editores, las correspondencias que el autor mantuvo con distintos personajes del ámbito artístico y literario, como la reciente biografía que escribió su propio hijo Dan Fante, etcétera; para reconstruir una obra que sólo puede ser leída en relación con su experiencia. De allí que resulte crucial una lectura o interpretación dentro de un orden cronológico —experiencial— de cada uno de sus trabajos, para, finalmente, comprenderlos o interpretarlos en su totalidad.

4 Robert DARNTON, *El beso de Lamourette. Reflexiones sobre historia cultural,* 1ª ed. Buenos Aires, FCE, 2010, p. 353.

5 John FANTE, *Camino de Los Ángeles,* op. cit., p. 38-39.

6 Ibídem, p. 157.

7 Ibídem, p. 17.

8 Ibídem, p. 28.

9 Ibídem, p. 9.

10 Ibídem, p. 179.

11 William SHAKESPEARE, *Hamlet*, Obras Completas II. Traducción de Luis Astrana Marín, 16.a edición, Madrid, Aguilar, 1981, p. 222.

12 Dan FANTE, «John and Joyce in Hollywood», *A Family's Legacy of Writing, Drinking and Surviving.* New York, Harper Perennial, 2011, pp. 21-31.

13 En la recopilación de los poemas del Kojiki como en los del Man`yoshu se representa a los muertos mediante la figura de la niebla: «¡Devuélveme mi sueño / cuervo! La niebla empaña / la luna que veo al despertar» // «¿Es a mí quien llama el cuervo / desde el mundo de las sombras / en esta mañana de escarcha?»

14 Incluso en el *Antiguo Testamento* (Oseas 13:3) la niebla representa la muerte: «Por tanto, serán como la niebla de la mañana y como el rocío del amanecer, que se desvanece; como el tamo que es arrebatado de la era, y como el humo que sale por la ventana».

15 Georg Brandes señala que *Hamlet* fue escrito por Shakespeare inmediatamente después de la muerte de su padre, en 1601.

16 John FANTE, *La hermandad de la uva, op. cit.*, p. 31.

17 John FANTE, *Pregúntale al polvo*, op. cit., p. 60.

18 Ibídem, p. 63.

19 Ibídem, p. 19.

20 Ibídem, p. 59.

21 Entre sus acepciones, el polvo se transformó a lo largo de la historia en un tópico y tema literario. *Pulvis sumus*, la frase pronunciada por el sacerdote cuando impone la ceniza el *Miércoles de Ceniza* (de forma completa *Pulvis sumus et pulvis reverterimur* —polvo somos y en polvo nos convertiremos—) es similar al tema de las *Danzas de la muerte* de la Baja Edad Media, y se utiliza para propiciar la humildad. Procede del libro del Génesis 3,19: *In sudore vultus tui vesceris pane, donec revertaris in terram de qua sumptus es quia pulvis es et in pulverem reverteris* (Te ganarás el pan con el sudor de tu frente, hasta que vuelvas a la misma tierra de la cual fuiste sacado. Porque polvo eres, y al polvo volverás).

Pulvis et umbra o *Pulvis et umbra sumus* (polvo y sombra somos) se atribuye a Horacio, y fue sido utilizado como tópico por varios autores; en el epigrama 17 de Ausonio (*ductores quondam pulvis et umbra sumus*), en sentencias medievales de la literatura neolatina (Cottunio, Luca Glaurico), en un verso de Góngora (en tierra, en humo, en polvo, en sombra, en nada), en un soneto funerario de Diego de Torres Villarroel (La tierra, el polvo, el humo, en fin, la nada). Una variante muy conocida, por su condición de canción popular, aparece en *Ne me quitte pas* de Jacques Brel (Laisse-moi devenir / L'ombre de ton ombre / L'ombre de ta main / L'ombre de ton chien -Déjame convertirme en / la sombra de tu sombra / la sombra de tu mano / la sombra de tu perro-), como forma suprema de súplica y humillación.

Cap. 4

—

Las uvas de antaño

* *

–1–

La edad madura de John Fante, el irremediable crecimiento, arrastró consigo también su literatura.

Mientras que en sus primeros trabajos encontrábamos al emblemático personaje de Arturo Bandini, en sus últimas novelas todo se centró en las relaciones familiares. Se destacó la relación que mantuvo con su mujer, con sus hermanos, con sus hijos. Pero la figura que predominó, que se convirtió en el punto de inflexión y llegó a tomar hasta una voz protagónica, no fue otra sino la de su padre: Nicola Fante.

En *Espera a la primavera Bandini*, y en *Un año pésimo*, su padre ocupa el primer lugar de enfrentamiento directo con el personaje. Es todo lo que su hijo no es, se presenta como un hombre insensible, frío, impenetrable. Todo conflicto, toda causa directa o indirecta, todo fin se relaciona inmediatamente con él.

Si bien cada obra de Fante es un universo particular y merece ser leída como tal, este antagonismo —que se presenta de la misma manera y bajo las mismas resoluciones— toma un sentido universal si abarcamos la totalidad de su obra, si encadenamos estos pequeños universos el uno con el otro, si establecemos una relación dialógica entre cada una de sus novelas. Sólo y de esa manera se escuchará el verdadero

[69]

latido del escritor.

Por eso, no dejará de sorprendernos que, hasta en las obras maduras de Fante, siga persistiendo la anhelada niñez perdida. Esos sentimientos irrumpen y estallan en los momentos mismos que obligan a todo hombre o niño a salir por la fuerza de su vestimenta dorada: la muerte de un padre, el nacimiento de un hijo.

Creía que al entierro de mi padre acudiría todo el pueblo, pero me equivoqué [...].
Los portadores del féretro, a saber Zarlingo, Cavallaro, Antrilli, Mascarini[...]. Estaban tan elegantes como piedras erosionadas en la ladera de una colina. Al verlos, la congoja me saltó a la garganta como una truca. Ahora que no tenía ninguno, habría aceptado por padre a cualquiera de ellos. En realidad, a cualquier hombre, arbusto, árbol o piedra, si me hubieran aceptado como a un hijo. Yo también era padre. No quería el papel. Quería volver a una época en que yo era pequeño y que mi padre era fuerte y alborotaba la casa. Al diablo con la paternidad. No había nacido para asumirla. Había nacido para ser hijo[1].

—

La esposa de un hombre estaba de parto: ¿No debía él quedarse despierto y aportar alguna cantidad de dolor personal, como símbolo de su voluntad de participar en la herencia común? [...].
Entonces me vino a la cabeza un recuerdo hermoso y noble. Me levanté y saqué del armario la bolsa de vieja. Lo encontré en el bolsillo lateral, un manojo de albahaca, atado a una cinta roja. No recordaba todas las instrucciones de mi madre, sólo que había que colgarlo en la cama, y eso hice [...]. Y así me quedé aspirando aquel aroma dulce y penetrante que, sin saber cómo, era el perfume del pelo de mi madre, y sus cálidos ojos me sonrieron y yo

me eché a llorar, porque no quería ser padre, ni marido, ni siquiera hombre. Quería volver a tener seis o siete años, dormir en brazos de mi madre, y entonces me dormí y soñé con ella[2].

Respecto a la figura de su padre, sucede lo mismo. Habrá que leer entre lo particular y sus pequeños universos, recortar vestigios, establecer un recorrido. En *Espera a la primavera, Bandini,* o en *Un año pésimo,* el autor intenta bosquejar el abismo que lo separa de su padre. Sin embargo, el fin de cada una de estas novelas no constituye sino la búsqueda del puente que separa al padre de su hijo (y por ende lo reconcilia).

En *Espera a la primavera, Bandini,* su padre se marcha de su casa y abandona a su pobre mujer, dejándola sola con sus hijos en medio de la pobreza. El joven Arturo encuentra a Svevo Bandini (Nick Fante) en un lujoso coche con una de las mujeres más ricas del pueblo. Sólo que existe algo anterior –algo que une a Svevo[3] con Arturo– que hace que el pequeño no pueda revelarle el secreto a su madre.

Lo que propone la novela, la trama que reviste *Espera a la primavera, Bandini,* es la búsqueda de la verdadera identidad de Svevo Bandini. ¿Cómo puede su padre, sangre de su sangre, su modelo de hombre a seguir, engañar así a su mujer y abandonar a sus hermanos?

Fante levantó una antorcha en la oscuridad para reflejar el verdadero rostro de su padre y vio, como los lectores esperaban, que detrás de todo ese armazón se encontraba un hombre bueno e indefenso que amaba a su mujer y a sus hijos.

En *Un año pésimo,* la rivalidad entre él y su padre insistió arduamente. Dominic, el álter ego de Fante en este trabajo, ansía convertirse en un lanzador de béisbol profesional.

Pero su padre, que espera que su hijo se convierta en un albañil y lo ayude con sus emprendimientos, lo toma por ridículo y trata de enseñarle algo de la vida.

El desencadenante de este enfrentamiento llega cuando el pequeño Dominic, en medio de la lucha por seguir su vocación, le roba a su padre una máquina hormiguera (mezcladora) para pagar un viaje a California y probar suerte en los equipos más destacados de los Estados Unidos.

Entonces Dominic vende la hormiguera y consigue el dinero que necesita. Pero nada sucede según lo planeado: al pasar por una gasolinera, ve a la máquina de su padre y comienza a sentir una gran culpa, una fuerte punzada en el pecho. Era como robar una parte de su vida. Entonces Dominic, entre lágrimas y sentimientos adversos, sale a buscarla:

> Recogí el dinero y volví junto a la hormiguera. Estaba abollada y magullada como las manos de mi padre, era parte de su vida y poseía una extraña antigüedad, como si procediera de un país muy lejano. La rodeé con los brazos y le estampé un beso, y lloré por mi padre y por todos los padres, y también por los hijos, por estar vivos en aquellos tiempos[4].

Llama la atención de cómo en ambos casos, en donde describe la relación con su padre hacia una edad temprana, el autor siempre redime la situación. Siempre salva a su padre, siempre lo justifica. Existe algo anterior que, así como los desune, los mantiene a su vez unidos incondicionalmente. Fante deja al descubierto estos interrogantes. Los resuelve, aunque de una manera inconclusa.

Porque recordemos que el autor, a fin de cuentas, escapó hacia Los Ángeles para convertirse en escritor. Así demostró que no se convirtió en un albañil como quería su padre y que el enfrentamiento se prolongó de manera significativa.

Por eso, hubo que esperar a sus siguientes novelas, *Llenos de vida* y *La hermandad de la uva*, escritas en 1952 y 1977 respectivamente, para encontrar el verdadero principio y el verdadero final de su historia. Su hallazgo.

–2–

En *La hermandad de la uva*, el sucedáneo de Arturo Bandini, Henry Molise, ahora casado y padre de dos hijos, debe regresar a su casa porque su madre insistió en separarse de su padre, Nick Molise, tras encontrarle una mancha de rubor en los calzoncillos.

Nick, su padre, es nuevamente representado como un viejo y cascarrabias italiano, mujeriego, adicto al juego y al alcohol. Un albañil de los que ya no quedan, que pasa sus últimos días entre amigos, jugando a los naipes, tomando vino. Su sueño era que sus tres hijos trabajaran con él, a lo que el destino amargamente respondió dándole un escritor, un bancario y un frustrado beisbolista.

Lo cierto es que el viaje de Henry (John Fante) resulta en vano: cuando llega, ni siquiera su madre recuerda lo acontecido. En contrapartida, termina ayudando de manera involuntaria a su padre –por más de cuatro semanas– en la última de sus construcciones: un secadero de pieles de ciervo. Pero esto sería adelantarnos.

Hay una analepsis en *La hermandad de la uva* en la que Fante describe, como en ninguna otra oportunidad, el enfrentamiento que tuvo con su padre a la hora de elegir su vocación:

> El cabrón de mi viejo volvía a casa apestado a vino y gritaba apaga la luz, vete a la cama, que te has creído, por-

[73]

que los libros eran una droga, mi adicción era alarmante. Busca trabajo, decía, haz algo útil en la vida [...]. Busqué trabajo. Recogí almendra. Fui a la vendimia. Trabajé en los campos [...]. Llegaron las lluvias, los campos se inundaron, fue imposible trabajar gracias a Dios, y volví a la cocina, a seguir leyendo libros [...].
No se gana un jornal leyendo libros. ¡Vete de aquí! Estamos en guerra. Gánate la vida. Sé un hombre. ¿Sabes lo que es un hombre? Un hombre trabaja. Suda. Cava. Martillea [...].
Pero era inútil discutir con aquel macarrón trotacalles [...]. ¿Qué sabía él? ¿Qué había leído? [...].
Mi viejo. Su ignorancia, la anarquía de vivir bajo su mismo techo, sus sermones, sus amenazas, su avaricia, su pasión por el juego. En navidad sin dinero. Al terminar el bachillerato un traje. Dejamos de hablarnos. Un día nos cruzamos por la calle, al atravesar las vías del tren. Dio unos pasos más, se detuvo y se echó a reír. Me volví. Me señaló con el dedo y rió. Hizo como que leía un libro y siguió riendo. No reía de alegría. Reía de cólera, de frustración y desprecio[5].

Lo sorprendente fue cómo Fante resolvió, en sólo la carilla que resta, el desenlace de la historia: Fiódor Mijáilovich Dostoievski había irrumpido en su vida. Su espíritu penetró en él, un espíritu que hablaba del mundo, del amor y de la sabiduría; que sabía más sobre padres e hijos que ningún otro hombre en la historia. Gracias a él entendió que tenía que hacerse hombre y marcharse de su casa. Todo lo demás había quedado atrás; había desaparecido incluso el odio por su padre. Sólo veía nuevos horizontes, respiraba aires celestiales. «Quería pensar y sentir como Dostoievski. Quería escribir»[6].
Ciertamente la inclusión de este personaje, y sobre todo la

repetida referencia que hace a la novela *Los hermanos Kara-mazov*, de Dostoievski, no hace sino acrecentar aún más la rivalidad. El artificio es tan sutil como necesario:

> Saqué el ejemplar, encuadernado en piel, de *Los herma-nos Karamazov*. Lo palpé, pasé las páginas, lo estreché en mis brazos, mi vida, mi alegría, mi sublime Dostoievski. Puede que lo hubiera traicionado en mis obras, pero no en mi devoción. Mi padre había desaparecido, pero Fiódor estaría conmigo hasta el fin de mis días[7].

En esta novela de Dostoievski, nos encontramos frente a un parricidio: el hijo que asesina a su padre, el criminal redentor que ha cargado sobre sus hombros una culpa que de otro modo hubieran tenido que soportar los demás.
Sin embargo, en esta novela de John Fante –una de sus últi-mas–, el motivo no parece ser otro que el de reconciliación total con la figura paterna.
A diferencia de todos sus libros, que reflejan gran parte de su vida y experiencia, sorprende que su primera obra, cer-cana a su primera experiencia en Los Ángeles, haga desa-parecer, sin intención alguna, a este particular personaje. Más cuando cuatro de sus siete novelas publicadas tienen como eje la relación entre padre e hijo; y en las otras, si bien no es el tema central, ocupa también un lugar privilegiado. Por eso se insiste que la irrupción de Dostoievski no puede sino que ser tomada de esa forma. Y más en una novela que tiene como fin resolver y concluir con el antagonismo. Pero volvamos al relato en sí, al argumento final de la nove-la. Un pasaje de la *Hermandad de la uva* comprueba lo que en ella se descubre, se suscita: la necesidad de que, pese a las diferencias intelectuales, espirituales o materiales, el valor es uno, los sentimientos son universales. El hallazgo en la obra

de Fante reside en descifrar algo muy simple y complejo: su padre, Nick, ha colocado ladrillos con el mismo amor que su hijo ha colocado palabras sobre un papel. Arbitrariamente para el mundo, uno ha sido albañil; el otro, escritor. Sin embargo, el camino estaba trazado ya en su novela anterior, *Llenos de vida*. Mientras que en *La hermandad de la uva* era su padre quien necesitaba de su ayuda, en esta novela, Fante necesita de la ayuda de su padre. Su casa se venía abajo, producto de unas termitas que devoraban la cocina por vía subterránea. El coste de arreglo de los daños sumaba una cifra extraordinaria. Una idea se apoderó de Fante, una mágica solución: viajar hasta la casa de su padre y convencerlo de que lo ayude con su casa.

El pasaje del encuentro es maravilloso:

No me reconoció hasta que estuve a quince metros de él. Solté la bolsa de viaje y le di la mano.

–Hola, papá [...].

Miró la bolsa.

–¿Qué llevas ahí?

–Camisas y cosas.

Me examinó con cuidado [...].

El sentimiento se acumulaba en su interior. Estaba muy contento de verme, pero no quería que se le notase. La barbilla le temblaba [...]. Se estaba achicando. Todos los años encogía un poco, o eso parecía. Los hombres de la familia no éramos altos, pero me daba la sensación de que en los últimos años yo era más alto que él. También el patio era más pequeño y la higuera fue una sorpresa. Era mucho más pequeña de como la veía en el recuerdo [...].

–El niño, ¿Cómo está el bambino?

–Faltan seis semanas [...].

—¿Lo tiene hacia arriba? —se tocó el pecho— ¿O hacia abajo?

—Alto, hacia arriba.

—Estupendo. Eso quiere decir que es un niño.

—Pues no sé.

—¿Qué es lo que no sabes?

—Que nadie puede estar seguro de esas cosas.

—Se puede, si se hacen las cosas bien. —Frunció el ceño y me miró a los ojos—. ¿Has comido huevos, tal como te dije?

—No me gustan los huevos [...].

Casi le dio un ataque. Se dejó caer en el columpio, con la cabeza abatida y la boca abierta [...].

—Creo que es un chico, papá.

—¡Crees! Me maldijo con una sarta de sonoros vocablos italianos [...].

—¡Crees! ¿Quién te manda a tu a creer? [...]. ¿Qué has estado comiendo? ¿Caramelos, helados? ¡Escritor! ¡Bah! Hueles peor que una alcantarilla.

Era mi padre, no había duda. Al final resultaba que no se había achicado. Y la higuera tenía el tamaño que había tenido siempre[8].

Es admirable cómo Fante logra transmitir, en un breve diálogo, la compleja personalidad de su padre. Y cómo de manera figurativa logra transmitir, mediante el paisaje que opone lo *grande con lo pequeño*, todo lo de impenetrable que el vínculo encierra. No existen mejores metáforas que las vividas.

Si bien a medida que avanza el relato los enfrentamientos con su padre parecen irreversibles, llega un momento en que Fante se ve influenciado por su padre, siente exactamente como él. Esto sucede paulatinamente en muchas de las acciones que se desencadenan en la novela: tomando un taxi, Fante, que hacía tiempo ya que no se preocupaba por lo que marcaba un taxímetro, comienza a mirar fijamente en el marcador como su padre. Este último, envuelto en pánico –ya que no acostumbraba a gastar un solo centavo, y menos en un lujo como el taxi–, lanzó un gemido de dolor y comenzó a mover la cabeza cuando el auto al fin marcó dos dólares. Fante, entretanto, comenzó a recordar sus tiempos de antaño, de pobreza, las épocas en las que recorría las calles a pie. Así, en medio de sus recuerdos, comenzó a golpear los vidrios de la desesperación para bajarse del auto:

El taxista amontonó el equipaje en la acera y se fue.
¡Que se riera! [...].
–Vamos, papá. Sólo faltan tres kilómetros.
Se escupió en las manos.
–Ahora nos entendemos, hijo[9].

Luego bajaron del auto y caminaron juntos hasta su casa. Cuando llegaron, su padre tomó el rol de un indiscutible líder. Comenzó por inspeccionar el suelo devorado por las termitas:

Me di cuenta de que odiaba la casa, de que tenía prejuicios contra ella, y de que no tendría piedad. Joyce estaba estupefacta.
–Por el amor de Dios. Mi padre recogió el tubo y me lo dio.
–Petate.
Guardé el tubo.
–Cierra.
Cerré el petate.
–Correa.
La trabé en la hebilla.

–Termitas–dijo.
Joyce le indicó que pasara a la cocina. Yo me fui a la escalera.
–¿Adónde vas?– preguntó.
–Baño[10].

En este último ejemplo, el autor demarca claramente una suerte de transformación. John Fante responde de la misma manera que su padre cuando su esposa le pregunta a dónde se dirige. Pero cuando llegue al baño y se recueste en la bañera, la reflexión del autor resultará crucial:

El pensamiento se me volvía como un cielo de verano, habitado por imágenes placenteras que pasaban como nubes blancas [...].
Pero ahora había algo añadido, una imaginería extraña y alarmante, que asomaban y escondían la cabeza, y cada vez que se sumergían dejaban una estela blanca y terrible. Identifiqué a las criaturas poco a poco, eran mi padre, Joe Muto, el hombre del traje mezclilla. La estela blanca que dejaban detrás de sí era un cordón umbilical. Eran unas criaturas tan espeluznantes que salí inmediatamente de la bañera y me vestí[11].

John Fante comenzaba a darse cuenta —de una manera terrible—de que era muy parecido a su padre o algo quizá mucho peor: de que eran la misma persona.
En *La hermandad de la uva* abundan ejemplos que nos permiten legitimar la homología. Como se dijo antes, Fante colocó sus palabras con el mismo amor con el que su padre colocó ladrillos. También los unía un mismo sentimiento de superioridad. El padre de Fante llegó a decir sobre una de sus construcciones: «Esa cámara durará más que

las montañas que la rodean»[12]. Palabras que parecen en verdad salidas de la boca de su hijo: «Arturo Bandini, el famoso escritor [...]. La crítica afirma que es el mejor libro que se ha escrito»[13].
Otros pasajes también comprueban coincidencias:

Teníamos algo en común: la cobardía[14].

——

¿Qué hora es?
—Ya no hay horas— respondió mi padre y eché a reír.
Era un hombre profundo[15].

¿Cómo no comparar la voluntad que tenían John y Nick Fante si ambos, a lo largo de toda su vida, hicieron de ella lo que quisieron? Su padre, alcohólico, diagnosticado de diabetes e internado en una clínica, se escapó sin decirle nada a nadie y se fue a beber con sus amigos:

Anduve paso vivo hacia el centro del pueblo, riéndome en silencio, orgulloso de él. Podría morirse, ¿pero qué más daba? Dostoievski estaba muerto[16].

——

Mi padre tenía el mismo brillo, una aureola que lo iluminaba, sangre de mi sangre, un poeta que imponía su voluntad de vivir[17].

El lector podrá revivir en *Chump Change* (1998), la primera novela de Dan Fante, los últimos días de John. En la forma de vida de su hijo se presentan las mismas constantes: escapar de su hogar para vivir su propia experiencia, y luego, desde la distancia, comenzar a amar y respetar a su padre. Tiempo después se convirtió en escritor.
Tanto Nicola como John Fante murieron de diabetes[18]. Es

evidente que gustaban del azúcar en su sangre, esa manera de anhelar nuevas cosas. No hay duda de que sus obras han dejado para nosotros, esos extraños, un viñedo de hermandad entre los hombres.

* *

NOTAS

1 John FANTE, *La hermandad de la uva,* op. cit., p. 200.

2 John FANTE, *Llenos de vida,* op cit., p. 150.

3 No parece casual la inclusión de este nombre ficcional: Italo Svevo fue un importante escritor italiano, cuyas primeras novelas resultaron un fracaso. La fama de Svevo, prácticamente, sería póstuma. *La conciencia de Zeno* (1923), uno de sus trabajos más destacados, se asemeja a las obras de Fante en tanto al desarrollo del punto de vista protagónico en primera persona, confesional, despojado y sincero.

4 John FANTE, *Un año pésimo.* Traducción de Antonio-Prometeo Moya, Barcelona, Editorial Anagrama, 2005, p. 139.

5 John FANTE, *La hermandad de la uva,* op. cit., pp. 79-80.

6 Ibídem, p. 80.

7 Ibídem, p. 199.

8 John FANTE, *Llenos de vida,* op. cit., pp. 37-40.

9 Ibídem, p. 78.

10 Ibídem, p. 82.

11 Ibídem, p. 83.

12 John FANTE, *La hermandad de la uva,* op. cit., p. 148.

13 John FANTE, *Pregúntale al polvo,* op. cit., p. 28.

14 John FANTE, *La hermandad de la uva,* op. cit., p. 131.

15 Ibídem, p. 144.

16 John FANTE, *La hermandad de la uva,* op. cit., p. 156.

17 Ibídem, p. 181.

18 Entre muchos de los pasajes de *Chump Change* que rememoran a su padre: «Jonathan Dante, mi padre, estaba muriéndose en Los Ángeles a causa de una insuficiencia renal y diabetes, y esa era la razón por la que me habían permitido abandonar mi tratamiento prematuramente. Hasta entonces, me dije, mi padre había estado en su casa al cuidado de mi madre, recuperándose de una segunda amputación de pierna. Pero entonces su cuerpo maltratado, ciego y diabético había dicho basta» (en Dan FANTE, *Chump Change.* Traducción de Claudio Molinari Dassatti, Barcelona, Sajalín Editores, p. 16).

Cap.5

—

Al oeste de la cultura obrera ítaloamericana.

* *

> En aquellos días cuando el mundo
> Era todavía joven y el cielo aún límpido,
> Los hombres vivían de modo diferente.
> *Las dieciséis sátiras*, Juvenal

–1–

Cuando Edward Thompson, Raymond Williams y Richard Hoggart se embarcaron rumbo a la reinterpretación del concepto de cultura dentro de la sociedad de masas de la modernidad, volvieron a un viejo y superado tema dentro del ámbito de la filosofía: la vuelta a lo *cotidiano*, es decir, a la *existencia*.

El concepto abstracto de cultura promulgado por el Existencialismo y la Fenomenología era una interpretación de la cultura y de la existencia radicalmente alejada de lo cotidiano. La realidad misma –dos guerras mundiales, migraciones masivas, nuevas organizaciones de las clases sociales– llevó a nuevos autores a reformular alguna de las herencias de un marxismo ortodoxo que fijaba sobre el aire de lo material un castillo en el que se constituían todos los procesos sociales[1]. Pero no se trataba sólo de una discusión teórica ni mucho menos. Lo que estaba en juego –ya desde autores como

Theodor Adorno y la teoría crítica de la Escuela de Frankfurt– era la irrupción de algo más que un nuevo tipo de sociedad. Se trataba de un nuevo correlato de los cambios sociales reflejados ahora en la cultura: el advenimiento de la nueva cultura de masas. Rasgo peyorativo, sin dudas, si bien el término ha presentado antagónicas acepciones a lo largo de la historia. Como indica Raymond Williams, *masa,* en una de sus acepciones, es la palabra moderna para designar a la multitud de muchas cabezas, a la turba ignorante, voluble[2].

Al menos para esta escuela, la nueva cultura podía explicarse por medio de una inversión del castillo de antaño; explicar los fenómenos de un postindustrialismo en el que la conciencia colectiva se inserta y da origen a la industria de la conciencia.

Pero también –y mucho tiempo antes en Gran Bretaña– un movimiento hoy conocido como *Culture and Society* comenzaba –en autores como el célebre y talentoso Thomas Carlyle– a bosquejar la gran pérdida que producía esta nueva situación histórica, invocando uno de los tesoros más hermosos de la literatura universal: la idea del héroe como hombre de letras[3].

El hombre de las letras, el poeta, se presentó así como el único salvador en medio de una sociedad anárquica y alienadora, y llevó a que autores como Matthew Arnold esbozaran posteriormente una filosofía de la educación. El remedio era volver a los autores clásicos, a la época isabelina y –para decir aún menos– a la figura primordial de un determinado momento histórico: Shakespeare.

El estudio de los grandes literatos ingleses se presentó como la única manera de purificar las almas de una sociedad contaminada por sus productos culturales fabricados en serie. Fue un discípulo del mismo Arnold, Frank Raymond Leavis, quien esbozó una de las realizaciones más duraderas de los estudios literarios, y quien por supuesto los consagró académicamente[4].

Sin embargo, estos debates fueron los velos de una mediación para autores como George Orwell o Harold Laski, los mismos que comenzaron a privilegiar el término *clase* a la hora de reflexionar sobre la problemática.

Este giro fue el que influyó y dio lugar a las concepciones amplias de cultura de Richard Hoggart, Raymond Williams y Edward P. Thompson, herederos de la tradición de William Morris. La cultura fue entendida entonces como un proceso social total, en el que la ideología de una clase dominante no sólo se proyecta sobre ella misma, sino que también sobredetermina –con relativa autonomía– al conjunto de todas las estructuras sociales[5].

Esta ampliación del término enalteció el componente dinámico del proceso. La cultura dejó de ser algo acabado, fijado, establecido, inalterable. Es un momento que sucede como lo vivido, de oposición entre los distintos valores y experiencias de clase, incluso dialógico, como proponía Bajtín.

El rasgo de valentía de estos autores fue levantar el velo y decir que existen otras verdades además de aquellas que se manifiestan como las únicas y legítimas. Existe una oposición a ellas mismas, una experiencia que narra la historia desde otros lugares[6]. Lo importante aquí es leer no sólo la resistencia de dicha clase, sino también cómo estos mismos elementos se fueron incorporando dentro de la cultura de élite.

El arte, por tanto, concentró algo más en su cielo que vientos frescos y tonificantes. Y es que John Fante decidió contarnos su experiencia mediada por la cultura de un determinado momento histórico: la cultura obrera ítaloamericana. Esta experiencia inmediata en el autor resulta crucial, no sólo para resaltar el componente historiográfico de su narrativa, sino también para comprender, precisamente, cómo esa misma historia no puede ni debe aislarse de las relaciones de clase que la constituyen.

–2–

Si bien *Espera a la primavera, Bandini* data de 1938, debemos concebir que lo fijado en el libro se remonta a mediados de 1920. Este libro –como otros tantos del autor– nos ofrece una detallada descripción de la cultura obrera ítaloamericana.
Es necesario recordar que el proceso de emigración de italianos se extiende –aunque no se origina– de manera abrupta entre los años 1876 y 1915[7]. Provocada por la creciente pobreza, tuvo como destino no sólo los Estados Unidos, sino también países de América del Sur, como Brasil y Argentina, países con grandes extensiones de tierras explotadas y necesidad de mano de obra.
No resulta casual que uno de los padres fundadores de los Estudios Culturales, Richard Hoggart, publicara recién en 1957 uno de los libros originarios del proyecto, titulado *The Uses of Literacy*. Lo narrado en el libro se remonta a sus años de niñez y juventud, cuando la cultura obrera –en este caso, inglesa– aún presentaba caracteres bien diferenciados.
Lo característico del libro es la metodología propuesta por el autor, es decir, los criterios adoptados para abordar el tema: el materialismo cultural. Como advierte en el primer capítulo, no utiliza criterios económicos para definir la cultura obrera, sino que sus indicadores serán el habla –en especial el cúmulo de frases de uso común–, el estilo, el uso dialéctico, el acento, la entonación[8].
Todas las características presentadas por Hoggart en el intento de simplificar una determinada cultura, confluyen –y sin entrar en la paradoja de la exageración– en lo narrado

[90]

y presentado por Fante a lo largo de todos sus trabajos: escenarios que privilegian el hogar, el apego al grupo, la importancia de la familia, la ferviente separación de un *nosotros* y *ellos* en tanto división de una clase que mira a otra con desconfianza.

Dos ejemplos bastarán para comprender la importancia de este necesario recorrido que intenta esclarecer una de las finalidades y objetivos de la obra de Fante: la recuperación de un determinado momento histórico de manera innegablemente dialéctica.

Cuando Hoggart plantea que la estructura del habla popular sigue de cerca el movimiento de las emociones –algo que estilísticamente encontramos en la narrativa de Fante–, concluye que cada clase tiene sus formas propias de crueldad y obscenidad; la que caracteriza a la clase obrera es, a menudo, de una vulgaridad gratuita y degradante[9].

Esto que constantemente persiste en la obra de Fante, en *Espera a la primavera, Bandini*, reviste una particularidad que merece ser destacada: la inclusión misma de dialectos para expresar estos sórdidos sentimientos. Encontramos –siempre enunciados por el padre de Bandini– ejemplos como: «*Dio cane. Dio cane*»[10] y «*sporcaccione ubriaca*»[11]. Sin embargo, debe sorprendernos aún más la esclarecedora observación que ofrece Arturo sobre su padre: «Aunque [Svevo] Bandini blasfemaba por cualquier cosa. Lo primero que había aprendido a decir en inglés había sido *me cago en la hostia*»[12]. Otro de los elementos característicos de la cultura obrera planteados por Hoggart lo encontramos también en un pasaje antes citado de John Fante con respecto a la desconfianza generalizada hacia lo distinto y, en especial, hacia *los libros*. Recordemos cuando el padre (en *La hermandad de la uva*) ridiculiza a su hijo simulando que lee un libro, riéndose con desprecio. Y es que la sanción, la reprobación o el ridículo son el resultado inmediato de la trasgresión a la norma, como comprueba Hoggart[13].

–3–

Si en la novela que antes citábamos encontrábamos la clara referencia de la clase, no debemos por ello olvidar que, en su primer trabajo escrito –aunque publicado recién en 1985–, hallaremos incluso los fundamentos teóricos del autor, es decir, su *formación*[14] misma.

Fácil nos resulta advertirlo –John Fante, hijo de humildes trabajadores italianos, eminente pobreza, enfrentamiento con la realidad, etcétera– y ver a partir de su obra un momento de la historia, un relato que sucede como lo vivido, como –por ejemplo– la crisis de los años treinta en los Estados Unidos.

Pero hay algo allí –entre el *proyecto* y la *formación* de Fante– que resulta necesario considerar. Si bien el autor, como ya dijimos, propone una recuperación de la existencia de clase, por otro lado también incluye en su narrativa formaciones que se alejan de su condición social. El rastro más evidente lo encontramos en su arduo e insistente enfrentamiento con los valores del cristianismo. Es por ello que lo que debe interesarnos recuperar es la dialéctica misma desde la que se inscribe el autor para relatar los detalles de la vida cotidiana.

Existe una anécdota que cuenta que el yerno de Marx no sólo le mandó una novela al padre del materialismo histórico, sino que además se vanaglorió por ser su obra la primera novela marxista y materialista dialéctica de la historia. Marx, con sumo protocolo, la recibió y la leyó, pero pronto advirtió que la dialéctica funcionaba sólo entre proletarios y burgueses, es decir, que no había un movimiento dialéctico dentro del espacio proletario.

Esto, que hoy día nos parece tan sencillo, en los años treinta le valió al autor la no publicación de *Camino de Los Ángeles*. Pero no sólo por una falta de buen gusto o por un simple atrevimiento en su contenido, como hoy muchos dirán en el intento de quitar mérito al valor *emergente* y *activamente residual* de esta obra[15]. La estilística en Fante se presenta sólo como el fugaz rostro de lo que verdaderamente se oculta. Hemos dicho: inclusión de dialectos, formas de entonación, enunciativas, estilo.

Porque también el contenido (no reproductivista) mismo –abordado de una manera explícita dentro de un momento histórico determinado– debe ser recuperado para caminar por la senda en la que el autor se desplaza. El estilo era sólo el vestido de su pensamiento.

En *Camino de Los Ángeles* o *Pregúntale al polvo*, la insistente aparición de autores como Marx, Nietzsche o Schopenhauer se entremezcla con lo narrado y con sus circunstancias de vida. Pasajes de su primer trabajo –como muchos otros de sus trabajos posteriores– comprueban esta combinación, que hace dependiente una instancia de la otra, instancias complementarias entre el proyecto y la formación del autor:

> ¡Son borregos, ay de mí! Víctimas de la santa inquisición americana y del sistema americano, hijos de puta esclavos de los especuladores capitalistas [...]. Trabaja en este sistema y perderás el alma. ¿Y de qué le sirve a un hombre ganar el mundo entero si pierde su alma?[16]
>
> ———
>
> —¿Por qué no pides un aumento?
> Negó enérgicamente con la cabeza.
> —Quizás yo despedido.
> —¿Sabes lo que eres? —dije—.

No. No lo sabía.

—Eres un idiota [...]. Perteneces a la dinastía de esclavos. Con la bota de la clase dominante en la entrepierna. ¿Por qué no eres hombre y vas a huelga?

—No huelga. No, no. Despido [...].

—¡Idiota! ¡Idiota librecambista! ¿Por qué no destrozas la fábrica y exiges tus derechos? [...].

—¡No hables! —dijo— ¡O nos despiden! [...].

—¡Exige leche! ¡Imagínatelos muriendo de hambre mientras los niños de los ricos nadan en litros de leche! [...]. No me dirijas la palabra, burgués proletario capitalista[17].

Y es que en muchos de estos pasajes no sólo encontramos términos y conceptos que se vinculan a determinados fundamentos teóricos específicos, sino que además, precisamente, recobran su sentido en relación con la experiencia misma: confluyen en aberturas de aproximación a un momento representativo de la historia.

Aquí, el fragmento escogido se reviste de significación con los años en los que el librecambio en los Estados Unidos comenzaba a manifestar el colapso y su evidente cruel desenlace. Los acontecimientos se trazan desde el corazón mismo del sistema: una fábrica de conservas obstruida por empleados filipinos y mexicanos que se burlan del autor y de sus ideas subversivas.

El temor a ser despedidos, la explotación –no sólo económica sino también cultural– en la que se encuentran inmersos, recupera en esta obra su fuerza desde el antagonismo mismo que se origina entre los obreros.

Por supuesto que encontraremos también correlaciones entre lo vivido en las páginas de Fante y lo determinado en autores como Schopenhauer y Nietzsche. Es claro el lugar que ocupan las ideas de estos pensadores en el enfrentamiento que tiene Arturo Bandini con el mundo. Hemos mencionado ya la necesaria comprensión de la voluntad como una manera de imponer una determinada forma de vida y de su enfrentamiento con las ideas del cristianismo[18].

> No he leído a Lenin, pero he oído comentar una frase suya, que la religión es el opio del pueblo […]. Yo es que soy ateo [sic]: he leído El Anticristo y me parece una obra imprescindible. Creo en la transvaloración de los valores, señor mío. La iglesia debe desaparecer, es el refugio del Mester de Patanería, de los patanes y pelmazos y toda la charlatanería de tres al cuarto[19].

> ¡Mi propia hermana hundida en la superstición de la plegaria! Carne de mi carne y sangre de mi sangre. ¡Una monja, la novia de un Dios! ¡Cuánta barbarie![20]

Sin embargo, como veremos en el último apartado de este capítulo, el necesario énfasis que hemos puesto en materia de clase se reconocerá a medida que avancemos en los ulteriores trabajos del autor.

–4–

A esta altura hemos presenciado ya un largo recorrido por la obra de John Fante. De lo que se trata ahora es de unificar o corresponder cada pequeño universo –o trabajo– el uno con el otro. Es una tarea compleja, sin dudas, pero que debe ser llevada a cabo al menos en un intento de agradecer el mérito y la valentía del gigante hombre que estas páginas se proponen rememorar.

En «Mi perro idiota», un extenso relato incluido en el volumen de lo que en español conocemos bajo el título unificado de *Al oeste de Roma* (que también incluye otro relato titulado «La orgía»), encontramos un vertiginoso final de la vida de John Fante. Pero no el final de su vida, por supuesto, sino el final de su literatura.

Si bien no se trata de su obra más destacada, cobra una importancia esclarecedora y considerable si es leída (o sostenida) bajo el influjo de sus novelas anteriores. Algo adelantábamos en el primer capítulo: John Fante, escritor sin mayores logros, casado, padre de tres hijos y una hija, que vive de la escritura de guiones de cine.

Lo característico de este trabajo es que el mismo Henry Molise (sustituto de Arturo Bandini) se enfrenta ya a la edad madura. Son sus hijos los que han atravesado la adolescencia y ahora transitan el momento de la adultez.

Sin embargo, al comienzo del relato, cuando su vida se encuentra interrumpida por la repentina aparición de un perro, en Fante retorna ese instinto que persistía en sus primeros trabajos: hablamos de la necesidad del autor de volver a su infancia:

> Yo necesitaba un perro. Simplificaba el círculo de mi vida. Estaba allí en el patio, vivo y cordial, ocupando el lugar de otros perros que habían fallecido y estaban enterrados en el mismo sector por el que Idiota [el perro] se movía. Alcanzaba a comprender aquello, que todos mis perros, vivos y muertos, coincidieran en el mismo espacio. Tenía lógica. Mis padres estaban en un cementerio del norte y yo seguía vivo en Point Dume y pisaba la misma tierra californiana que los cobijaba [...].
> Salía por la noche a dar un paseo y fumar una pipa, y miraba a Idiota y luego a las estrellas, y había una conexión [...]. Cuando era pequeño y vivía en Colorado, solía sentarme con mi perro y miraba las mismas estre-

llas. Él era la recuperación de la infancia, el recuerdo de aquellas páginas de catecismo. ¿Quién es Dios? Dios es el creador del cielo y de la tierra. ¿Por qué nos hizo Dios? Dios nos hizo para conocerle y amarle en este mundo y para ser felices con él en el cielo[21].

¿No resulta de una simplicidad extrema que todo lo transgredido en sus primeros libros –como *Pregúntale al polvo* o *Camino de Los Ángeles*–, todo lo maldecido con letra y puño sobre el cristianismo, reaparezca en el último de sus libros como un recuerdo de lo añorado y de lo inocente?

¿No encontramos el mismo desplazamiento en *Llenos de vida*, escrita también en la edad madura del autor? De Marx o Nietzsche a Chesterton hay un camino que pocos se atreven a recorrer.

Sin embargo, esta niebla que lo persiguió como estela en su obra, en «Mi perro Idiota» comenzó a disolverse, dejando al descubierto la orilla misma desde la que el autor se embarcaba.

Ciertamente, Emerson advertía que los seres humanos son lo que sus padres han hecho de ellos. Y podríamos decir que es este lugar desde donde se inscribe el autor para comenzar a distanciarse del velo que lo cubre:

> ¿Quién era aquella mujer? Aparte de ser mi esposa, ¿qué sabía realmente de ella después de veinticinco años de matrimonio? ¿Cuántas toneladas suyas y cuántos miligramos míos habían heredado nuestros ingratos hijos? [...].
> ¿Por qué no eran bajos y achaparrados como su padre? ¿Por qué parecían dependientes de comercio y no albañiles? ¿Dónde estaba la rudeza campesina de mi padre y la inocencia de mi madre, los cálidos ojos castaños de Italia?

¿Por qué no hablan con las manos, en vez de dejarlas inmóviles y colgando durante la conversación? ¿Dónde estaban la devoción y la obediencia italianas al padre, el amor tribal a los lares y a la casa?
Todo, todo se había perdido. Aquellos no eran mis hijos […]. Eran los hijos de ella, vástagos de una rama de origen angloteutónico que había llegado a California procedente de New Hampshire y Alemania. Y encima protestantes […].
En mi árbol genealógico no había nada parecido. Mis antepasados procedían del soleado campo italiano, eran agricultores honrados y temerosos de Dios[22].

Aquí, desde este segmento de *Al oeste de Roma*, llegamos a un punto culminante de su obra. Aquello mismo que lo había separado de su padre y de su familia se hizo visible en el cuerpo, en los gestos, entonaciones y costumbres de su mujer y de sus hijos; aquello que ya advertíamos en capítulos anteriores –cuando Fante se descubría y asimilaba en la figura de su padre– comenzó a desplazarse, logrando incluso desaparecer en el último de sus reflejos: sus hijos.

¿Cuánto de él y de sus decisiones de antaño habrán confluido y preparado este escenario? ¿No encontramos acaso también un sentimiento de arrepentimiento verdadero en los últimos trabajos del escritor?

Pero ya no cabía la posibilidad de seguir enmascarando la anhelada necesidad de regresar a su infancia. Aquí, en esta obra, encontramos finalmente una nueva opción que restauró esos sentimientos: dejarlo todo –su mujer, su casa y sus hijos–, volver a Roma y reencontrarse con su cultura. Pero estos sueños, precisamente, se encontraban atravesados e impedidos por aquello que intentaba recuperar en su travesía:

¿Qué importa Roma si has de vivir con el remordimiento de haber traicionado a tu propio hijo?
El deber es ineludible. Dios sabe que tengo mis defectos, pero no quiero que me acusen de deslealtad a mis hijos[23].

Si de la cultura obrera ítaloamericana ya no quedaban rastros entre sus pares, al menos él respetaba el mayor de los valores de su tradición: el apego a su grupo y a la importancia de la familia.

Lo que se pretende enunciar es que el deseo de Fante –irrealizable, por cierto– no debe quedar reducido a una simple caracterización de roles (padre o hijo) o momentos vitales. Fante desea regresar a su infancia, pero en ese mismo movimiento manifiesta también la necesidad de retornar a un momento histórico determinado. Porque, precisamente, para el autor el entendimiento de una cultura no puede aislarse de las formas de dominación y subordinación de clase.

La grieta finalmente se hizo visible, y ya no se podía evitar que la vida se convirtiera en una empresa de demolición. Sólo se captaba la verdad eterna del acontecimiento si el acontecimiento se inscribía también en la carne[24]. Finalmente, ante los ojos del autor, todo había desaparecido.

Pero para Fante todo esto hubiera resultado más sencillo. Era un hombre de sentimientos más que de ideas. Se contentaba con mirar la casa del árbol, ya vacía; o la red de básquet en la que jugaban sus hijos, vieja y destrozada por el tiempo.

**

1 Aquí se dice *ortodoxo* para diferenciarlo del marxismo clásico.

2 Raymond WILLIAMS, P*alabras clave: Un vocabulario de la cultura y la sociedad.* Trad. de Horacio Pons, Buenos Aires, Nueva Visión, 2000, p. 212.

3 Armand MATTELART y Érik NEVEU, *Introducción a los estudios culturales*, Barcelona, Paidós, 2004.

4 Por medio de la publicación de *Culture and Enviroment* y de la edición de la revista *Scrunity.*

5 Raymond WILLIAMS, «Hegemonía», en *Marxismo y literatura*, Barcelona, Península-Biblos, 1997 p. 148.

6 Donde mejor se puede observar la apertura del proceso cultural, en el sentido de la existencia de espacios desde donde es posible oponerse o resistir a una forma específica de dominación (cultural), es en el análisis que Williams realiza de las distintas formas históricas de los elementos culturales. Distingue, como ya se mencionó, los elementos *dominantes* de los *residuales* (aquellos elementos del pasado que todavía tienen un uso activo) y de los emergentes (aquellas actividades o prácticas nuevas que son alternativas u opuestas a las dominantes). La complejidad de lo *emergente* consiste en la dificultad en distinguir aquellos elementos que constituyen una nueva fase de la cultura dominante, y los elementos que son esencialmente alternativos o de oposición. Si bien es cierto que los fenómenos de emergencia siempre están relacionados a una determinada base social, como por ejemplo la formación de una clase, la toma de conciencia de una clase particular y, ligado a esto, el surgimiento de elementos de nuevas formaciones culturales.

7 «En efecto, desde 1815, los Estados Unidos ven cómo se produce, en oleadas sucesivas, *el mayor movimiento de inmigración de la historia moderna*. Sistemáticamente organizada al principio para paliar la falta de mano de obra, la inmigración va a tomar una dimensión y a revestir unas características tales que va a alterar el conjunto de las condiciones de la acumulación del capital.
En ese flujo ininterrumpido que atraviesa el siglo XIX americano, sólo la brecha abierta por la guerra civil delimita dos períodos distintos. Además, esta distinción (1815-1860 y 1870-1915) no es solamente cronológica; el análisis de la «composición» de la inmigración refuerza el principio de esta distinción en dos períodos, descubriendo unas diferencias sociales eminentes en las características de las fuerzas de trabajo cuya inteligencia es decisiva». (Benjamin CORIAT, *El taller y el cronómetro*, Ed. Siglo XXI 13ed., 2003).

8 Richard HOGGART, *La cultura obrera en la sociedad de masas*, México, Grijalbo, 1990, p. 31.

9 Ibídem, p. 93.

10 «Perro Dios. Perro Dios».

11 «Guarra borracha».

12 Richard HOGGART, op. cit., p. 31.

13 Ibídem, p. 45.

14 «*Proyecto* y *formación* abordan, no las relaciones entre dos entidades separadas, *arte* y *sociedad*, sino procesos que asumen estas diferentes formas materiales en formaciones sociales de tipo creativo o crítico o, por otro lado, las formas reales de las obras artísticas e intelectuales» (en Raymond WILLIAMS, «El futuro de los estudios culturales», *La política de la modernidad*. Trad. de Horacio Pons, Buenos Aires, Manantial, p. 188).

15 Si bien ningún modo de producción y, por lo tanto, ningún orden social dominante y por lo tanto ninguna cultura dominante verdaderamente incluye o agota toda la práctica humana, toda la energía humana y toda la intención humana; una investigación posterior al momento de la emisión y recepción de su obra podrá establecer, de manera sistemática, lo *activamente residual* de la obra de John Fante. Al inicio del trabajo se mencionó que hoy leemos a John Fante bajo el influjo de diversas condiciones de producción: un recorte ahistórico de su trabajo publicado, estandarizaciones y reproducciones de géneros literarios —realismo, realismo sucio—, formas de experiencia y/o de cultura institucionalizadas. Puesto que «es en la incorporación de lo activamente residual (alternativo o de oposición) –a través de la reinterpretación, la disolución, la proyección, la inclusión y la exclusión discriminada– como el trabajo de la tradición selectiva se torna especialmente evidente» (en Raymond WILLIAMS, *Marxismo y literatura*. Trad. de Pablo Di Maso, Barcelona, Península-Biblos, 1997, p. 145). Por tanto, lo que debería analizarse —como plantea Thompson— es el resultado de esa lucha en un momento determinado y no un concepto «estático» y ahistórico (Edward THOMPSON, *Costumbres en común*. Barcelona, Crítica, 1995).

16 John FANTE, *Camino de Los Ángeles*. Trad. de Antonio-Prometeo Moya, Barcelona, Anagrama, 2001, p. 52.

17 Ibídem, pp. 117-118.

18 A diferencia de la consolación cristiana observada por Marx y Engels (en K. MARX y F. ENGELS, *La sagrada familia*. Trad. de Carlos Liacho, Buenos Aires, Claridad, 1973, p. 239) con respecto a Flor de María —protagonista de *Los Misterios de París*, de Eugène Sue–, quien aniquila la vida del personaje, transformando en cadáver su vida y su ser, en Fante es el rechazo mismo del cristianismo el que parece instituir y sostener al menos uno de los cimientos de su universo literario –sobre todo en sus primeros trabajos—.

19 John FANTE, *Pregúntale al polvo*. Trad. De Antonio-Prometeo Moya, 2.a edición, Barcelona, Anagrama. 2001, p. 27.

20 John FANTE, *Camino de Los Ángeles*. Trad. de Antonio-Prometeo Moya, Barcelona, Anagrama, 2001, p. 19.

21 John FANTE, *Al oeste de Roma*. Trad. De Antonio-Prometeo Moya, Barcelona, Anagrama, 2007, p. 56.

22 Ibídem, pp. 68-69.

23 Ibídem, p. 140.

24 G. DELEUZE, «Porcelana y volcán», *Lógica del sentido*, Barcelona, Paidós, 1989.Raymond WILLIAMS, «Hegemonía», en Marxismo y literatura. Barcelona, Península-Biblos, 1997 p. 148.

—

PosData

**

La obra de John Fante se circunscribe a tópicos, estilos, experiencias, ideales y propósitos que se presentan (y reproducen) a lo largo de la historia de la literatura norteamericana. Las *formaciones*, en ese sentido, deben ser entendidas como «aquellos movimientos y tendencias efectivos, en la vida intelectual y artística, que tienen una influencia significativa y a veces decisiva sobre el desarrollo activo de una cultura y que presentan una relación variable y a veces solapada con las instituciones formales»[1].

¿Es suficiente estudiar esta *formación* que John Fante recibe de autores como Wolfe, Fitzgerald o Dresier para comprender su universo literario? La respuesta es negativa, por supuesto. Estamos hablando de autores que tuvieron un considerable reconocimiento (y por tanto, una notable reproducción) en el momento de emisión de sus trabajos, en mayor o menor medida. Pero esta no es una conjetura del todo válida para abordar la problemática en toda su complejidad. ¿Cuál es el lugar de toda esta literatura dentro de un análisis trascendental, en el que un proceso cultural es medido dentro de un sistema que determina rasgos dominantes?

La complejidad de una cultura, con sus formas de producción, circulación y reproducción, no sólo debe ser hallada en sus definiciones sociales. Lo que interesa son las interrelaciones dinámicas, en cada punto del proceso, de los elementos históricamente variados y variables.

¿Cuál es la particularidad de John Fante dentro de este escenario? El universo literario de John Fante está inmerso dentro de un sistema (orden) más amplio. Esto no quiere decir que el orden social dominante haya agotado toda su práctica en el momento de su producción.

Mucho de lo recorrido en el segundo capítulo, de autores que ya eran clásicos en la época de Fante (como Whitman o Emerson o Twain), parecen responder a este proceso específico. Son autores con proyectos alternativos —incluso de oposición— a la cultura dominante de principios de siglo XX en los Estados Unidos. La forma de Whitman, por ejemplo, es tan revolucionaria como el contenido y la resistencia que los gustos institucionalizados de la época le opusieron a la primera, fue tan grande como lo que le opusieron al segundo; o la obra de Dreiser, hijo de inmigrantes pobres y derrotados, cuya tragedia surge específicamente en razón del antagonismo entre la promesa de Estados Unidos, su materialismo y su riqueza por un lado, y la pobreza en la que vivían sumidos millones de norteamericanos, por el otro. Y, como muestra Dreiser, la pobreza no sólo era económica sino también de valores, del espíritu[2].

John Fante nació en Denver, Colorado, en un ambiente muy pobre. Su padre, Nicola Fante Albomeo era un italiano natural de Torricella Peligna (Abruzzo) que llegó a Estados Unidos a principios de 1900. Responde, en ese sentido, a la segunda oleada masiva de inmigrantes que tuvo su auge entre los años 1870-1915[3].

Y si bien a lo largo de los primeros capítulos encontramos los cimientos de una específica influencia y *formación* de escritores norteamericanos, ya en las primeras obra de John Fante se presenta una diferencia crucial en relación a sus antecesores: su origen de *clase*. Porque no se trata de una clase obrera típicamente norteamericana, predecible en sus formas, sino de una *nueva clase*. Fante nace en Estados Unidos, es hijo de obreros ítaloamericanos, y en su experiencia confluyen nuevas prácticas, nuevos valores y nuevos tipos de relaciones: así vemos cómo lo más alternativo de la cultura heredada se interrelaciona, por ejemplo, con escenarios típicamente sórdidos, proletarios, donde se cruzan acentos o ideologías disímiles (inclusión de dialectos).

En su literatura centellea cada nivel del hombre y de la sociedad: traducción inmersa en la derrota de los sueños americanos, en la crisis de los años 30 en Estados Unidos, de una generación de escritores que cedieron sus derechos literarios a las empresas cinematográficas para sobrevivir.

Como irónicamente resalta Raymond Williams en su reconstrucción etimológica de la palabra *ficción*: «En rigor de verdad, hoy podemos decir a veces que las *novelitas*, o malas novelas, son pura ficción, en tanto que las novelas (ficción seria) nos hablan de la vida real»[4].

No hay restricciones de ningún tipo en la obra de John Fante. Siempre utilizó a la literatura como una forma de representar su verdad, sin mediaciones o consideraciones previas.

Uno de sus gestos más valiosos fue dejar hablar por medio de su literatura a su origen obrero ítaloamericano, concibiendo al arte no como algo exclusivo de un sector que sólo conserva e instituye tradiciones específicas, oficiales.

Y es por eso que no resulta paradójico que los elementos formales —las travesías intelectuales— que permiten explicar un fenómeno y experiencia literaria en particular, como el específico trabajo de John Fante, puedan ser sometidos a un análisis semejante. Como sabemos, el desplazamiento realizado por los *founding fathers* de los *Cultural Studies* sobre los estudios literarios —tanto Raymond Williams como Richard Hoggart— influyó y dio lugar a concepciones más amplias y dialógicas de cultura. Existe cierta marginalidad: tanto Williams como en Hoggart su origen popular los convierte en personajes que navegan a contracorriente del mundo universitario británico. Cada uno de ellos, a su manera, exploró ciertos elementos *residuales* (alternativos y de oposición, como el marxismo) dentro una cultura dominante a partir de su propia experiencia de clase (abandono del Partido Comunista, espacios no tributarios de Oxford o Cambridge[5]). Se trata de un contexto en el que los jóvenes de clases medias y populares («nuevas clases», podríamos decir) encuentran y acceden —por vez primera— a un sistema escolar y universitario, hasta ese entonces accesible para pocos.

Williams llega a Cambridge con el viento y el aire del campo en sus suelas. En él confluye la camaradería de las comunidades rurales, de determinados valores (o éticas) de la clase obrera y trabajadora. No intenta sumergirse en la precariedad oficial de la crítica literaria vigente, precisamente porque esta no concebía este tipo de «marginalidades».

**

NOTAS

1 Raymond WILLIAMS, *Marxismo y literatura*. Trad. de Pablo Di Maso, Barcelona, Península-Biblos, 1997, p. 161.

2 Walter ALLEN, *El sueño norteamericano a través de su literatura*, Buenos Aires, Pleamar, 1976. p. 211.

3 Benjamín CORIAT, *El taller y el cronómetro*, Ed. Siglo XXI 13ed., 2003.

4 Raymond WILLIAMS, *Palabras clave. Un vocabulario de la cultura y la sociedad*, Buenos Aires, Nueva Visión, 2000. p. 147.

5 De hecho, por su condición de clase, trabajan los primeros años en estructuras de formación para adultos en medios obreros (WEA), (en MATTELART, A. y NEVEU, *Introducción a los estudios culturales*, Barcelona, Paidós, 2004).

**

BIBLIOGRAFÍA

ALLEN, Walter, *El sueño norteamericano a través de su literatura*, Buenos Aires, Pleamar, 1976.

BAJTIN, Mijail; «Hacia una metodología de las ciencias sociales», en *Estética de la creación verbal*. Traducción de Tatiana Bubnova, Siglo veintiuno editores, 1982.

BLOOM, Harold (Ed.), «Emerson: The American Religion», en *Emerson's Essays: Modern Critical Interpretations*. Traducción de Ezequiel Ferriol, Nueva York, Chelsea House, 2006.

BORGES, Jorge Luis, «Discusión», en *Obras Completas I*, Barcelona, 1989.

CHANDLER, Raymond, «Escritores en Hollywood [1945]», en *A mis mejores amigos no los he visto nunca: Cartas y ensayos selectos*, Barcelona, 2013.

CHESTERTON, Gilbert Keith, *Robert Louis Stevenson, Obras Completas IV*. Traducción de P. Romeva, Barcelona, Janés, 1952.

CORIAT, Benjamín, *El taller y el cronómetro*, Ed. Siglo XXI 13ed., 2003.

DARNTON, Robert, *El beso de Lamourette. Reflexiones sobre historia cultural*, 1ª ed. Buenos Aires, FCE, 2010.

DARNTON, Robert, *La gran matanza de gatos y otros episodios en la historia de la cultura francesa*, México, FCE, 1984.

DELEUZE, Gilles, «Porcelana y volcán», en *Lógica del sentido*. Traducción de Miguel Morey, Barcelona, Paidós, 1989.

EAGLETON, Terry, *Teoría literaria*, México, FCE, 1998.

ELLIOT, Emory, *Historia de la literatura norteamericana*, Madrid, Cátedra, 2001.

EMERSON, Ralph Waldo, *Naturaleza*, Palma de Mallorca, Oñaleta, 2007.

EMERSON, Ralph Waldo, *El hombre y el mundo*. Traducción de Pedro Márquez, Buenos Aires, Américalee, 1964.

FANTE, Dan, *Chump Change*. Traducción de Claudio Molinari Dassatti, Barcelona, Sajalín Editores.

FANTE, Dan, *Fante, Un legado de escritura, alcohol y supervivencia*, Barcelona, Sajalín Editores, 2012.

FANTE, John, *Al oeste de Roma*. Trad. de Antonio-Prometeo Moya, Barcelona, Anagrama, 2007.

FANTE, John, *Camino de Los Ángeles*. Trad. de Antonio-Prometeo Moya, Barcelona, Anagrama, 2001.

FANTE, John, *Espera a la primavera, Bandini*. Trad. de Antonio-Prometeo Moya, Barcelona, Anagrama, 2001.

FANTE, John, *La hermandad de la uva*. Trad. de Antonio-Prometeo Moya, Barcelona, Anagrama 2001.

FANTE, John, *Llenos de vida*. Trad. de Antonio-Prometeo Moya, Barcelona, Anagrama, 2008.

FANTE, John, *Pregúntale al polvo*. Trad. de Antonio-Prometeo Moya, 2.a edición, Barcelona, Anagrama, 2001.

FANTE, John, *Sueños de Bunker Hill*. Trad. de Antonio-Prometeo Moya, Barcelona, Anagrama, 2002.

FANTE, John, *Un año pésimo*. Trad. de Antonio-Prometeo Moya, Barcelona, Anagrama, 2005.

FANTE, John, *Selected Letters* (ed. Seamus Cooney), Santa Rosa, CA: Black Sparrow Press, 1993.

FITZGERALD, Scott, *El crack-up*. Traducción de Mariano Antolín Rato, 2a edición, Barcelona, Anagrama, 2003.

GOLDMANN, Lucien, *Marxismo y ciencias humanas*, Buenos Aires, Amorrortu, 1975.

HEBDIGE, Dick, *Subcultura. El significado del estilo*, Barcelona, Paidós, 2004.

HOGGART, Richard, *La cultura obrera en la sociedad de masas*, México, Grijalbo, 1990.

DI VICENZO, Paolo, *Times of Glory for Bandini: Interview to Francesco Durante, editor of the volume of the first-class* -[en línea]. URL: www.john-fante.con/en/reviews/20030508.htm).

MARX, Karl y F. ENGELS, *La sagrada familia*. Trad. de Carlos Liacho, Buenos Aires, Claridad, 1973.

MATTELART, A. y NEVEU, *Introducción a los estudios culturales*, Barcelona, Paidós, 2004.

PAVESE, Cesare, *La literatura norteamericana*. Traducción de Jorge A. C. Binachi, Buenos Aires, Siglo Veinte, 1975.

SHAKESPEARE, William, *Hamlet. Obras Completas II*. Traducción de Luis Astrana Marín, Madrid, Aguilar, 1981.

SMITH, Dai, *Raymond Williams, La historia de un luchador*, Valencia, PEV, 2011.

THOMPSON, Edward,*Costumbres en común*, Barcelona, Crítica, 1990.

Werner SOMBART, «El sujeto económico», en *El Burgués*, Editorial Alianza, 1998.

TWAIN, Mark, *Las aventuras de Huckleberry Finn*. Traducción de Graciela Montes, Buenos Aires, Colihue, 1997.

ULIN, Robert, «Más allá de la explicación y de la comprensión: la hermenéutica de Hasn-Georg Gadamer y Paul Ricoeur», en *Antropología y teoría social*. México, Siglo XXI, 1990.

WILLIAMS, Raymond «El futuro de los estudios culturales», en *La política de la modernidad*. Trad. de Horacio Pons, Buenos Aires, Manantial.

WILLIAMS, Raymond, *Marxismo y literatura*. Trad. de Pablo Di Maso, Barcelona, Península-Biblos, 1997

WILLIAMS, Raymond, *Palabras clave: Un vocabulario de la cultura y la sociedad*. Trad. de Horacio Pons, Buenos Aires, Nueva Visión, 2000.

* *

Juan Arabia (Buenos Aires, 1983), poeta, traductor y crítico literario. Egresado de la Facultad de Ciencias Sociales de la Universidad de Buenos Aires, con una tesis sobre John Fante y la cultura obrera italoamericana. Es el director de la revista y editorial *Buenos Aires Poetry*, en el que participaron escritores como John Ashbery, Dan Fante, Robert Darnton, Mark Ford y Alan Jenkins, entre otros. Colabora, además, en diversas publicaciones, como en la revista de la Universidad de La Rioja, Departamento de Filologías Modernas (España), y en la revista de Estudios Culturales *La Torre del Virrey* (Universidad Internacional Menéndez Pelayo de Valencia). Libros Publicados: *Canciones del Gólgota* (2011); *John Fante. Entre la niebla y el polvo* (2011); *PosData a la Generación Beat* (2014); *El Enemigo de los Thirties* (2015). Libros Traducidos: *Nuevos Versos y Canciones - Arthur Rimbaud* (2014), *Un-gin-meando... - Dan Fante* (2015), *Lustra - Ezra Pound* (2016).

*** ***

PosData a la Generación Beat, Juan Arabia. 2014.

El Poeta y otros ensayos, Ralph Waldo Emerson. Traducción de Fernando Vidagañ Murgui, 2016.

John Fante– El camino de los sueños diurnos, Juan Arabia, 2016.

Notas sobre el lirismo contemporáneo, Alí Calderón, 2016.

Agosto 2016
Impreso en Buenos Aires,

Buenos Aires Poetry
www.buenosairespoetry.com

Diseñado por Camila Evia
www.camilaevia.tumblr.com

 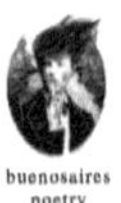